# あなたの知らない日本史の大常識

日本博識研究会

宝島
SUGOI
文庫

宝島社

# はじめに

世界を震撼《しんかん》させる事件や事故が起きたとき、誰も成し得なかったことが達成されたとき……。その瞬間を生き、目の当たりにした者たちは「歴史の目撃者」となり、後世に伝える。ただし、古来より記録の多くは「勝者」の手によって残されたのもまた、事実だ。文明や政治、宗教……あらゆる人間の営みには争いが付きまとい、結果として「勝者」と「敗者」に分かれる。そして、争いに勝利した者の手によって残された記録は「正史」として後世に伝えられるのだ。一方、敗者側の記録は時に歪められ、異端とされ歴史の闇に葬られる。

本書では、勝者によって残された「正史」から視点をはずし、闇に葬られたもう一方の「歴史」にもスポットを当てている。

さらに、現在の歴史は研究が進んで、様々な歴史の資料も発掘されている。それによって、大きく歴史が塗り替えられることも度々である。いままで常識だったことや、学校の授業で習ったことが、まったくの間違いであることも多い。

いまや、学生たちは鎌倉幕府の成立年を「1192（いいくに）作ろう鎌倉幕府」とは覚えず、「1185（いいはこ）作ろう鎌倉幕府」と憶えるという（ちなみに、この本では、このことについては項目を作って説明をしていない）。本書では、すでに私たちが学生時代に習った日本史のうち、大きく変わっていることを中心に、勝者の視点ではなく、様々な角度から捉えなおす。

「勇猛果敢な武将・真田幸村は、本当は物静かな人物だった?」「坂本龍馬よりも先に、船中八策を唱えた人物がいた!」「卑弥呼は人にあらず 役職名・称号だった!」エトセトラ。本書では、古代から中世、戦国、江戸、幕末、そして近現代に至るまで、日本の歴史の新常識を紹介する。と同時に、作り上げたあらゆる「記録」を再検討し、新たな説も紹介している。新説を知れば知るほど、すべての事柄には表と裏の面があることを実感するだろう。読者諸兄は、どうか表の記録だけに惑わされないでほしい。「歴史の目撃者」として、真実を見極める目が養われることを切に願う。

日本博識研究会

あなたの知らない

# 日本史の大常識

【目次】

## 第二章 中世

# 第三章 戦国

# 第四章 江戸

## 第五章　幕末

## 第六章 近現代

あなたの知らない日本史の大常識

# 第一章

# 古代

## 爆発の火山灰は日本列島を襲った

# 南の縄文文化を壊滅させた鬼界カルデラの大噴火

### 縄文時代は東高西低か⁉

現在、発掘されている縄文《じょうもん》時代の遺跡は関東から東の東北地方が多い。青森の三内丸山《さんないまるやま》遺跡がその代表格であるが、弥生《やよい》時代の遺跡である佐賀県の吉野ケ里《よしのがり》遺跡が南にあるのに比べると、あきらかに縄文時代の遺跡は東が多い。

その理由の一つは、縄文時代が現代に比べても暖かかったことがある。東北地方もかなり暖かく、非常に住みやすい土地だった。

縄文時代と、その前の旧石器時代との大きな違いが温暖化である。旧石器時代、日本列島はユーラシア大陸と陸続きで多くの人々が大陸から獲物を求めて日本列島に移動してきた。その後、温暖化によって縄文海進《じょうもんかいしん》が起き海面が30メートル以上も上昇（ピーク時は120メートル）。それによって、いままで陸続きで渡ることができた土地が海の下に沈み海峡となって人々の往来を遮るようになった。

同時に、温暖化によって、多くの広葉樹林や果物が生い茂り、動物たちに多くの恵みを与えるようになる。それは、もちろん雑食である人間にも、森の恵みと動物たちのたんぱく質を提供することになった。さらに豊かな海と川から魚を獲ることも可能になった。そして、人々は、移動して動物たちを求める必要がなくなり、豊かな森と海と川のある場所に定住するようになる。

## 南も住みやすかったはずだ

しかし、これは日本列島の東北地方に限った話ではない。南であっても、少々暑いかもしれないが灼熱《しゃくねつ》地獄ではないし、暑い方が植物も成長が早く動物たちも多く住むことができる。南であった方が、より生活は豊かだったかもしれない。

実際、縄文時代の早期には九州南部にも人々は定住し、様々な文化を花開かせている。鹿児島県霧島《きりしま》市には上野原《うえのはら》遺跡がある。いまから1万600年前の縄文時代早期の遺跡から竪穴住居《たてあなじゅうきょ》跡が出土しムラを作っていたことがわかっている。さらに、8600年前ごろの遺跡からは儀式で使われたと考えられる石斧《せきふ》などが見つかり、精神文化が発達していたことが判明した。このように、日本列島の南であっても、縄文文化は花開いていたのだ。しかし、いまから約7300年前、南の太平洋岸の縄文文化を壊滅させる大事件が起こった。

## 山を吹き飛ばす破局噴火

鬼界《きかい》カルデラ（アカホヤ）の大噴火である。場所は薩摩《さつま》半島と屋久島《やくしま》のちょうど中間あたり、いまの鹿児島の硫黄島《いおうじま》で起こったのだ。それも普通の大噴火ではない。山が一つ吹っ飛ぶ、例えば富士山が吹っ飛ぶような大噴火であった。破局《はきょく》噴火と呼ばれるが、その火山灰は遠く東北地方までも飛来した。

その時の火砕流《かさいりゅう》は海を渡って50キロ内陸まで焼き尽くした。九州南部に降り積もった火山灰は多いところで1メートル、少なくても30センチにもなった。これは、大学の発掘調査で明らかになっている。

火山灰はガラスの粉塵《ふんじん》を含むため、火山灰の空気を吸うだけで、肺に粉塵が溜《た》まり呼吸困難になる。さらに、川にも粉塵が降り積もるため水も飲めない。さらに、雨が降ると火山灰は固まり重量を増し、カチカチになって容易に排除できなくなる。しかも、噴火による大気への刺激で、必ず雨が降るから避けようがない。

空気も吸えない、水も飲めない。森に積もった灰は固まって植物を壊滅させる。こうなれば、もちろん人も動物たちも死滅してしまう。

九州南部はほぼ人が住めない土地となってしまったのだ。実際、上野原遺跡はいまから約7200年前ごろを境に、遺跡から何も出なくなる。人々の痕跡はいまから約4000年前ごろにならないと見つからないし、定住は今から約3200年前ごろ、すでに、縄文時代晩期になってからだ。

鬼界カルデラの大噴火で日本の九州南部の縄文文化は、少なくても数百年、長いところでは数千年死滅してしまったのだ。

## 鬼界カルデラの大噴火を生き延びた人々がいた

# 縄文人は朝鮮半島に渡って文化を開いた！

### 火山灰は少量でも人体へ悪影響

前項で、鬼界カルデラの大噴火を解説したが、この噴火がもたらした大きな出来事がある。それが、縄文人の朝鮮《ちょうせん》半島への移住である。

約7300年前、鬼界カルデラの大噴火で、太平洋側の九州地方はほぼ壊滅してしまった。ただし、生き残った人々もいた。特に九州の日本海側は、九州の真ん中にある多くの山脈によって遮られ、それほど多くの火山灰は降り積もらなかっただろう。

しかし、それでも多少の灰は降ってきて、それが人々を苦しめたと考えられる。ガラスの粉塵を含んだ火山灰は少量でも人々の体を蝕《むしば》む。なかには、死に至ったものも出ただろう。作物や川の生態系へも影響があったはずだ。

彼ら生き残った九州の縄文人は、その難を逃れるべく、日本海を渡って朝鮮半島に移住したと思われるのだ。その証拠が朝鮮半島南部に約7300年前ごろの地層から発掘される遺跡である。

## 7300年前以前、朝鮮半島には人々がいなかった

済州島《さいしゅうとう》は別にして、朝鮮半島南部には約1万2000年から約7300年前までの遺跡は発掘されていない。鬼界カルデラの大噴火があったころは、朝鮮半島南部には人間が住んでいなかったのだ。

人々が住んでいなかった理由は、朝鮮半島の南部の山々が禿山《はげやま》だったからだと考えられている。1万2000年前ごろまでに、朝鮮半島南部に住んでいた人々は、エネルギー源としての、山の木々を伐採つくしてしまったといわれている。

日本でも奈良時代から平安時代にかけて、たびたび都を移している。その理由は政争や疫病もあったが、周辺の森が伐採されつくして、エネルギー源がなくなったことも理由の一つとして指摘されている。

そして、この鬼界カルデラの大噴火を境に朝鮮半島での人間の痕跡が見つかるようになる。さらに、日本式の土器も発掘されている。

九州の縄文人は、朝鮮半島南部の海岸線に漂着し、そこに移住したとおもわれる。しかし、朝鮮半島の内部は、前述した通り、日本ほど植生は豊かでなかった。そのため、海岸線で海の幸を取りながらの生活だったと想像される。

そもそも、上野原遺跡で縄文文化を育んでいた人々は、遠く沖縄方面から渡ってきた人々だと考えられている。東北地方のサハリン方面から渡ってきた縄文人とは、そのルーツが違う。

## 海の民だった九州の縄文人

現代人は縄文人とひとくくりにするが、当時の日本列島は、南の海や北のサハリンや西の大陸から来た人々が暮らす人種の坩堝《るつぼ》だった。

縄文時代には船が存在していたことは明らかになっている。特に九州南部の縄文人は船を使って狩猟や交易をしていた可能性もある。そもそも、遠く沖縄方面から海を渡ってきた人たちだ。朝鮮半島南部に住居を構え、海の幸を得ることなど、苦にもならなかったはずだ。

さらに、対馬《つしま》暖流の流れる日本海には、火山灰の影響のない大型の回遊魚もいたはずだ。安全な食にもありつける。

ちなみに、現在の中国・揚子江の河口付近に、7300年前頃の遺跡が発掘されている。その当時、中国では、すでに稲作が始まっていた。その発掘された7300年前頃の遺跡でも稲作が行われていた。もし、それを始めたのが九州の縄文人だったとすれば画期的な発見である。

きっと、その縄文人が火山灰の影響が収まったころに日本に戻って来て、日本に稲作文化を広めた可能性もある。それは鬼界カルデラの大噴火が起こした副産物なのかもしれない。

## 大陸と交易していた人々

# かなり高度だった縄文人の航海術

### 1万2000年前の遺跡から丸木舟を作る道具を発見

先述した縄文海進《かいしん》は、1万6000年前ほどから始まり、6000年前ほどまで続いた。最大120メートルまで海面が上昇した。そのため、日本列島はユーラシア大陸から切り離され島国となったのだ。

ちなみに、東京都の低地のほとんどは海の底であった。

そのため、大陸と交易するためには舟に頼るしかなくなった。以前は、縄文時代に舟はないと思われていた。しかし、いまの常識は、舟は確実に存在し、かなり高度な航海術を持っていたと考えられている。

鹿児島県南さつま市の栫ノ原《かこいのはら》遺跡からは丸木舟《まるきぶね》を作る時に使われたとみられる1万2000年前の丸ノミ形の石斧《せきふ》が見つかっている。1万年以上前から舟が使われていた。

さらに、約9500年前の大規模集落跡が発見された鹿児島県霧島市の上野原遺跡からは、「貝」を使って紋様が施された平底の土器が出土している。平底土器は、底が平らになっており、舟上で揺れても、倒れないように工夫された器である。

このように平底土器があったということは、舟を使って移動するだけでなく、物を運んでいたことも推測させる。

## 日本海を渡っていた縄文人

縄文海進が起こる前の日本海は巨大な湾あるいは湖であり、縄文時代の前の旧石器時代でも、舟を使って水上を移動していた可能性はある。さらに、縄文海進後の海は、湾や湖の水上にはない海流が発生し、航海はいままで以上の困難があったはずだ。だからこそ、そこには高度な航海技術が必要になる。その日本海を縄文人は渡っていた。九州地方の縄文人だけでなく東北地方の縄文人も舟を使って日本海を渡った。その証拠として、日本でも一部の地方からしか採れない黒曜《こくよう》石《せき》がユーラシア大陸のサハリンやアムール川流域、ウラジオストックからも見つかっているのだ。

黒曜石は火山のマグマからできるガラス性の鋭い黒い石である。それゆえに、打撃を与えて破壊すると鋭い刃物となる。縄文時代の人々にとっては、かなり貴重な石であり、物を切り裂いたり骨などを加工したりするのに使われた。

それは、大陸の人々にとっても同様であった。北海道遠軽《えんがる》町の白滝《しらたき》産や、置戸《おけと》町産の黒曜石はサハリンやアムール川流域の遺跡から発見されている。また、隠《お》岐《き》島産の黒曜石はウラジオストックの遺跡で見つかっているのだ。ほかにも九州産の黒曜石が朝鮮半島から見つかっている。かなりの頻度で日本海を横断して海上交易、あるいは交流が行われていたことは間違いない。

## どのような航海術だったのか？

ただし、当時の舟としては丸木舟しか見つかっていない。かなりの数の舟が見つかっているが、帆がつけられた形跡のある舟は見つかっていない。当時からあったアスファルトで舟を補強したと考える学者もいるが、その形跡の残る舟も、波よけ用の加工がされた舟も見つかっていない。そのため、どのように航海したかまではわからない。きっと、丸木舟をいくつか並べて双胴船《そうどうせん》のようにしたか、あるいは両側か片側に浮子《ふし》（うき）を付けたアウトリガーカヌーのような舟にして、安定性を上げて海を渡ったのだろう。どちらにしろ、縄文人は日本海を横断するレベルの高い航海術を持っていたのは間違いない。

ちなみに、どのようなやりとりが、大陸の人たちと日本列島の人たちにあったかはほとんどわかっていない。ただし、三内丸山遺跡には川沿いから遺跡の中心まで大きな道が作られていたことがわかっている。もしかすると、大陸から来た人を迎え入れるための歓迎のロードだったのかもしれない。

縄文時代の常識が覆る

# 縄文時代晩期に始まった稲作 食物栽培はもっと早くからあった

## 稲作は3000年前から始まった

稲作は縄文時代晩期から始まった。その確実な証拠が九州各地で見つかっている。福岡県にある板付《いたづけ》遺跡や佐賀県唐津市の菜畑《なばたけ》遺跡などから、炭化米や土器に付着したモミの圧痕《あっこん》が見つかったのだ。

それだけではない、水田跡、石包丁、石斧《せきふ》といった農具、用水路、田下駄《たげた》、水流をせき止めて調整する柵《しがらみ》なども発見されている。

年代からいうと、菜畑遺跡は今から約2700年前のもので、板付遺跡は約2

600年前の遺跡である。

さらに、国立民俗博物館は、それよりも早く約3000年前から稲作があったと発表。ということは、私たちが歴史の教科書で習った時期よりも500年も前から稲作は行われていたことになる。

## 縄文時代早期から行われていたクリの栽培

私たちは縄文時代を狩猟・採集の時代だと習ってきた。稲作が始まるのは弥生時代であると教えられた。

しかし、現在、世界遺産になっている青森県の三内丸山遺跡における発掘調査で土中の花粉を分析したところ、興味深い事実が判明した。集落の周辺はクリの林で覆われており、しかもそのクリの遺伝子パターンは似通っていたのだ。ということは、クリを栽培していたと考えらえる。その時期は縄文時代の前期から中期にかけて、三内丸山が一番栄えていたころだ。

クリは非常に役に立つ。まずは食料だ。いまでも栗《くり》ご飯として炊き込んだり、おやつや副食としても食べる人は多い。縄文人も同様にクリを拾い土器で茹《ゆ》で、あるいは炉の灰に埋めて焼き、食したことだろう。

さらにクリは保存が効く。縄文時代の人々は使わなくなった竪穴住居を食料の保存庫としていたので、そこに貯蔵していたと考えられる。クリはそれだけ食料としての利用価値は高いのだ。それだけでなく、木材としての利用価値も高い。クリの木は固くて腐りにくく、割りやすい。三内丸山遺跡の六本柱の高床式の建築物はクリの木でできている。クリは幅広い用途に使えたのだ。

## 定住を支えた食物の栽培

歴史で習うように、縄文時代に定住がはじまった。後期旧石器時代と縄文時代とで何が大きく違うかというと、外的環境としては、「温暖化により、現在とほぼ同じ環境が成立した」という点が挙げられる。

そして、それに適応した結果、「定住生活」「土器の製作」「石鏃《せきぞく》の出現、石皿・スリ石・凹石の普及」といった、新しい生活・文化が普及した。

中でも「定住」は、縄文時代の特記すべきキーワードであるといえる。この定住を支えるものの一つが、食物の栽培であったと考えられる。

確かに三内丸山遺跡を始め、多くの縄文遺跡の周辺には、クヌギやコナラなどの広葉樹林が生い茂る森があり、それらを食するシカやイノシシがいた。さらには近くを川が流れ、山々から流れる栄養分で多くの魚たちが獲れた。これらの自然が縄文人の定住を支えたといえる。

しかし、より多くの人口を支えるには、安定的な食べ物も必要になる。縄文人はその確保のためにクリなどを栽培していたのだ。

ちなみに、青森まで水耕稲作が普及してくるのは、２４００年ほど前である。九州北部に中国から稲作が伝わってから５００年以上かかっている。縄文人たちは南から少しずつ稲作を取り入れながら、弥生時代に向かっていった。

いまでは、征服民族の弥生人が縄文人を駆逐したのではなく、稲作を縄文人が徐々に受け入れ、弥生時代になっていったと考えられている。そして、米を主食とする日本人が生まれたのだ。

日本最初の女王様のご乱行!?

# 卑弥呼は死の際に奴隷を道連れにした!?

## 卑弥呼はシャーマンだった!?

謎多き邪馬台国《やまたいこく》の女王・卑弥呼《ひみこ》。その正体は神功皇后《じんぐうこうごう》とも天照大神《あまてらすおおみかみ》ともいわれているが、最新の研究においてもくわしい人柄についてはほとんど明らかにされていない。

『魏志倭人伝《ぎしわじんでん》』には卑弥呼について「鬼道《きどう》に仕え、よく衆を惑わす」と記されている。〝鬼道〟がどんなものかということに関しては諸説あるが、中国の民間伝承に当てはめると、霊的存在を表す〝鬼〟を操る呪術、つまりシャーマニズムの一種と考えられている。

卑弥呼は鬼道により神託を受け、世の情勢を占い、政治を執り行っていたという。群衆は鬼道の力を持つ卑弥呼に心酔していたというが、卑弥呼が実際に人々の前に姿を現すことはほとんどなかった。それでは卑弥呼はどのようにして群衆を操っていたのだろうか？

## なぜ群衆に顔を見せなかった？

卑弥呼は自分の住まう宮殿を武装した兵士に守らせ、1000人もの召使いに身の回りの世話をさせていたという。卑弥呼の部屋に出入りできるのは、彼女が選んだひとりの男性だけであり、命令などはすべてその男性を通して、群衆に伝えられていたようだ。また卑弥呼には弟がおり、政治については彼が卑弥呼の意見を聞き取り、主導していた。

このようにして卑弥呼は徹底して姿を見せないことで自らの神秘性を高め、群衆を教徒のようにコントロールしていたのだ。卑弥呼の鬼道が実際に威力を発揮していたかは定かではないが、頭のキレる女性だったことは間違いなさそうだ。

## １００人の奴隷を道連れに！

群衆の意思を完全に掌握した卑弥呼は、自分の死に際し、直径１００余歩もある大きな墓を作らせ、１００人もの奴婢《ぬひ》を道連れにした。これは、群衆たちが卑弥呼の死を悼《いた》み、自主的に起こした行動だと考えられているが、卑弥呼が死んだときは敵対する狗奴《くな》国との戦いが激化していた頃。群衆たちに卑弥呼の死を悼む余裕などなかったのではないだろうか？ そうなると、この墓作りと１００人の殉死は卑弥呼が命令したものだとも考えられる。

この墓作りのほかにも、彼女の国政には幾多の犠牲があったことが容易に想像できる。カリスマ女王として群衆を思いのままに操った卑弥呼。その人生は案外孤独なものだったのかもしれない。

あなたの知らない
日本史の大常識

## 女王・卑弥呼は実在したのか？

# 卑弥呼は人にあらず役職名・称号だった！

30もの国々を束ね、倭国《わこく》に君臨したという女王・卑弥呼。１０００人の女中を侍《はべ》らせた、呪術を使った……など数多くの伝説が残る、日本史を代表する人気キャラクターのひとりである。

『魏志倭人伝《ぎしわじんでん》』によれば、倭国は動乱期にあり、長らく戦が続いていた。やがて疲弊しきった国々は、和平を画策し始める。そこで国々の同意のもと、王としてひとりの女子が擁立された。これが「卑弥呼」である。

この話から窺える卑弥呼像は、まさしく〝カリスマ〟。だが、国内が内乱で疲弊する中でカリスマ的女性が登場し、30カ国を統《す》べる王となった……とは、あまりにもできすぎた話ではないか。

## 「卑弥呼」とは役職名だった!?

そこで考えられるのが「卑弥呼とは役職名だった」という説である。平和を求めた国々は、その「象徴」として女性を王にすることにし、「卑弥呼」という役職を設け、代々女性が就くこととなった――つまり卑弥呼とは、国内が平和な状態にあることを示すシンボルだったのだ。

『魏志倭人伝』の「卑弥呼が死ぬと男子の王が立てられた。邪馬台国の人々はこれに服さず、内乱状態になり千余人が死んだ」は、〝卑弥呼〟職を廃して男性の王を擁立したが、〝平和の象徴〟がいなくなったことでふたたび内乱が起きた……と考えられる。倭国の平和は「卑弥呼」あってこそのものだったのだろう。

知られざる古代の建築技術

# 幻の古代出雲王朝には空中神殿があった！

## その高さは東大寺大仏殿を凌《しの》ぐ

記紀神話《ききしんわ》によると出雲大社は、国護《くにまも》りの神を祀《まつ》るために「太い柱で、天孫《てんそん》が住むのと同じくらい空高い宮を作れ」との命を受けた大国主命《おおくにぬしのみこと》が、古代における国家的事業として建造したものである。現代でも本殿の高さは24メートルと、神社としては破格の大きさを誇るが、古代にはなんとその高さが倍の16丈（約48メートル）もあったと伝えられている。

しかし、48メートルといえばビル15階分にもなる高さである。これまでは当時の木造の建築技術ではとても実現不可能だと考えられてきたが、近年になってそれが実在していた可能性が浮上してきた。

## 柱の跡から空中神殿の噂《うわさ》が真実に⁉

２０００年、出雲大社の地下祭礼準備室の建設に伴う事前調査で、境内《けいだい》から勾《まが》玉《たま》などのほかに直径3メートルにもなる柱跡が発見された。その大きさからコンピュータによる復元がなされ、結果１０９段の階段と高さ48メートルにもなる巨大な神殿の姿が浮かび上がったのだ。古代出雲王朝の空中神殿の存在が示唆されたのである。

さらに時代を遡《さかのぼ》ると32丈（約96メートル）の社殿《しゃでん》があったともいわれている。とてつもない高さだが、48メートルの建物を作る技術があったのならば、それも不可能ではないという気さえしてくる。多くの謎を秘めた古代出雲王朝には、まだまだ我々の想像を絶するような秘密が隠されているのかもしれない。

## 日本人のもうひとつのご先祖様

# 歴史から抹消された〝もうひとつの朝廷〟

### 東日本を支配したまつろわぬ民

大和《やまと》地方を中心とする豪族たちが集まり、日本史上最初の統一政権となった大和朝廷。のちに天皇と呼ばれる君主を中心として朝廷を営み、畿内を中心にその勢力を広げていった日本という国家の祖先でもある。だが、日本にはもうひとつ別の朝廷が存在していた。それが蝦夷《えみし》と呼ばれる集団である。彼らは東北地方から北海道にかけて居住し、主に狩猟や採取で生活しながらも青森県の三内丸山《さんないまるやま》遺跡などに見られるような独自の高い文化を作り上げていた。その後、時代が下るとともに大和朝廷に吸収され、一部は蝦夷《えぞ》、すなわちアイヌへとつながったと考えられている。

## 統一され消された存在

蝦夷の名は『日本書紀』にすでにその記述が見られ「毛皮を着て、肉を食す」野蛮な狩猟民族として扱われていた。大和朝廷への帰属を拒み続けていた彼らは、そのために異族視され「蝦夷」「まつろわぬ者（服従しない者）」として中央政府から差別の対象となっていたのである。8世紀頃には頻繁に大和政権と争い、巣《す》伏《ぶし》の戦いで遠征軍を壊滅させたアテルイの名前などが伝わっている。その後、征夷大将軍坂上田村麻呂《さかのうえのたむらまろ》らによって征服された蝦夷は、12世紀にはその独立性を失い日本という国家に組み込まれていくこととなる。

ちなみに、宮崎駿《みやざきはやお》のアニメ『もののけ姫』に登場する主人公・アシタカはエミシの村出身。蝦夷の朝廷が彼らの村のモデルとして描かれているのである。

鑑定した儒学者の捏造か？

# 〝漢委奴國王〟の金印は偽造品だった!?

## 光武帝からの寄贈って本当？

日本最古の海外交流の証、〝漢委奴國王《かんのわのなのこくおう》〟と記されたその印は後漢《ごかん》の光武帝《こうぶてい》から日本に贈られたものだとされているが、なんとこの金印を偽物だとする説があるのだ。

1784年、福岡県の志賀島《しかのしま》から発見された金印は、儒学者の亀井南冥《かめいなんめい》によって鑑定された。彼は、印の面の長さが漢代の一寸と合致していることや同じ形状の金印が中国で発見されていることから、それが『後漢書《ごかんじょ》』に記された金印と同じものだと断定。その後は黒田家に伝えられ、1978年に福岡市に寄贈。福岡市博物館に保管・展示されている。

## 存在自体がでっち上げの可能性も!?

しかしこの金印。真贋《しんがん》については以前から議論が絶えない。疑惑の渦中にいるのは最初に鑑定をした亀井南冥。まず、鑑定の決め手となった印の面の長さが漢代の一寸と合致していることに関しては、文献を読めば江戸時代でも作れるということ。また、中国の印と形は似ているが、作りはあまりに稚拙《ちせつ》であることなどが挙げられる。

これらの理由に加え、発見時の状況に不明な点が多いことから、存在自体、南冥による捏造《ねつぞう》ではないかという疑惑が持ち上がっているのだ。発見当時、南冥が館長を務めた藩校甘棠館《かんとうかん》が開校したこともあり、名声を高めるためだったというのが有力な説である。ただ、地元福岡では長年町おこしにひと役買ってきたこともあり本物と信じて疑わないようだが……。

徐福は日本に来たのか？

# 日本を訪れた伝説の薬師・徐福に迫る！

## 中国と日本に数々の伝説を残す徐福

司馬遷《しばせん》が著した『史記』に登場する中国の薬師《くすし》・徐福《じょふく》。不老不死の霊薬《れいやく》を探すと始皇帝《しこうてい》に宣言し日本に降り立ったとされ、全国各地でその伝承が残っている。三重県の熊野をはじめ、徐福が上陸したとされる場所だけでも日本に何カ所もあり、稲作と医薬を伝えた伝説の人として神格視されている。一方、中国では実在の人物として認識されており、江蘇《こうそ》省には徐福が住んでいたといわれる徐阜《じょふ》村という村も存在する。そこには徐福の子孫と名乗る人もおり、徐福がそこにいた可能性は非常に高いと思われる。そのため日本には来ておらず、晩年をその村で暮らしたという説も浮上しているが、それでは、全国に残る徐福伝説の説明ができない。徐福は本当に日本に来ていたのだろうか？

## 徐福は神格視されて神武天皇になった!?

徐福が日本に来ていたことを表す大胆な仮説として、徐福＝神武《じんむ》天皇説がある。『史記』の「徐福は豊かな土地を見つけてそこの王となった」という記述から、王を神武天皇と解釈する説である。

徐福は中国を出るとき、稲など五穀の種子と金銀・農耕器具・技術も持って出たといわれており、日本で徐福伝説が残る地には弥生時代の遺跡、もしくは水田跡が発見されている。稲作文化は縄文時代晩期から弥生時代初期に大陸から伝わったとされるが、実はその伝来を担ったのが徐福だったのではないだろうか。

日本の初代天皇が中国からの上陸者というのも、歴史ロマンとしては面白いかもしれない。

お釈迦《しゃか》様にもわかるまい

# 日本への仏教伝来は538年ではない!?

## 仏教伝来の年は複数ある

仏教が日本へ伝わった年は、一般に西暦538年のこととされている。日本仏教興隆の祖である聖徳太子の伝記とされる『上宮聖徳法王帝説《じょうぐうしょうとくほうおうていせつ》』や『元興寺伽藍縁起《がんごうじがらんえんぎ》』に「天國案春岐廣庭天皇七年歳次戊午十二月」との記述があり、歴史の教科書にも記されていることから、この年に仏教が伝来したと考えている人が多い。

ところが、仏教伝来の年にはもうひとつ有力な説がある。一般的に正史といわれる『日本書紀』によると、仏教伝来は552年のことだというのだ。いったいなぜこのようなズレが生まれてしまったのだろうか？

## 権力争いが生んだズレ

『日本書紀』には、欽明《きんめい》天皇の時代に百済《くだら》の聖王《せいおう》が朝廷へ使者を遣わし、仏像や経典が贈られた552年こそが仏教伝来の年であると記されている。また、538年の倭の天皇は『日本書紀』によれば宣化《せんか》天皇であり、「仏教は欽明天皇の代に公伝した」と書かれた『上宮聖徳法王帝説』などの記述に矛盾も生じる。実際に552年に使者の訪問はあったそうなので、この説の信憑《しんぴょう》性は非常に高いといえるだろう。

一方で仏教は538年に伝来したが、この当時は宣化天皇を擁立する廃仏派の物部《もののべ》氏と、欽明天皇を擁立する崇仏派の蘇我《そが》氏の間で対立が起こり、ふたつの朝廷が存在する時代であった。つまり、仏教伝来552年説は、朝廷内争いの事実を隠蔽しようとした〝痕跡〟と考えられるのだ。

## 民主主義が息づいていた平安時代

# 古代から民主的で平和的な民族だった日本人

### 戦争のなかった縄文時代

縄文時代に戦争がなかったことは常識と言っていい。縄文時代の遺跡からは人を殺傷するような武器は見つかっていない。石斧《せきふ》や鏃《やじり》や刃物は見つかっているが、それは人間を殺すようなものではなく、小動物や魚を捕獲したり、捌《さば》いたりするもので、あくまでも生きていくための道具であった。

確かに、中には鏃が頭に刺さった人骨が発見されているが、これは、現代でもある個々人のケンカであって戦争ではない。

## 弥生時代に始まった戦争

しかし、弥生時代に入ると武器（石の武器から剣などに発達する）と言えるものが出土するし、集落ごとの争いがあったことを示す環濠《かんごう》集落も生まれてくる。

その戦いの理由は、土地をめぐる争いであったと思われる。稲作は一人で行うのは大変である。土地を耕し土手を作り、水をため種を植えて収穫する。収穫した米を翌年に向けて蓄えておく場所も必要だ。これらのことを全部一人でやるのは、なかなか大変だ。何十人かの集落全体で行った方が、効率がいいし、より多くの収穫が望める。ただし、集落によっては、あまり米がとれない土地や、そもそも土地面積が小さいところもあったに違いない。そうなると、土地を求めて集落同士の争いになっただろう。

これが戦争のはじまりといえる。しかし、その争いはいずれ収まっていく。なぜなら、稲作の水田は増えることがあっても減ることはないからだ。しっかり手入れをしていれば、翌年も、その次も、ほぼ永遠に収穫できる。過剰な負担さえかけなければ土地がやせることはない。肥料（人糞《じんぷん》など）も開発されただろう。

稲作の始まったばかりの頃は、まだノウハウが確立されていないから、失敗もあっただろう。しかし、時がたてば、それは経験値として蓄積され、多くの土地が開拓され、全体としては豊かになっていったはずである。そのため、土地を巡る争いも減っていったに違いない。

## 水田はサスティナブルな生産方式

これが、小麦を主食とする文明との違いである。小麦の生産を大規模にするためには灌漑《かんがい》施設を作る必要がある。そして、その灌漑施設を使って水を撒《ま》くと土地に水がしみ込んでいく。その水には塩分が含まれているため、微量とはいえ、少しずつ塩分が土地にたまっていく。そして、長い年月がたって土地は塩害で使い物にならなくなるのだ。メソポタミア文明もそうして滅んでいった。

しかし、水田は違う。水田は塩分を含んでいた水を、いったんすべて流してしまう。だから、土地が塩害に曝《さら》されることはない、特に日本は、雨が多く、急こう配のため水を流すのは容易であった。塩害にはなりにくい土地だったのだ。

弥生時代の稲作が始まり、土地を巡って争いが始まるが、いずれそれも収まり、平安時代には、非常に平和で民主的な日本になっている。

しかし、争いはあったし、その後も戦闘は起こっている。それは、弥生時代の集団による稲作と土地を巡る争いがリーダーを生み出したからだ。だが、それは必然だった。集団作業や集団で戦いをするにはまとめ役が必要で、稲作を進めるには土地や気候のことを熟知する専門家が必要だからだ。

当初は、それらを経験豊富な長老や、気候の動きを熟知するシャーマン的な人物が担っていたのだろう。そして、それを取り巻く人々が権力者となっていった。

その権力者が自らの権力を維持し拡大するための争いが、現在に続く戦争の根本原因になっていったのだ。

そして、そのことに気づき、このような状況を変えようとしたのが聖徳太子《しょうとくたいし》だと言える。かれは十七条憲法を作っているが、その一番の要は「和」の精神である。多くの日本人が勘違いしているのは、聖徳太子が憲法の順守を求めたのは民衆ではなく、権力者だということだ。近代憲法が権力者の行動を制限するために作られたのと同じく、聖徳太子の憲法も権力者への制限なのだ。

十七条憲法は全部で五つあった。一部からは偽書《ぎしょ》として退けられている『先代《せんだい》旧事本紀大成経《くじほんきたいせいきょう》』（以下『大成経』）であるが、そこには真実も書かれていた。『大成経』には、聖徳太子の憲法として、通蒙《つうもう》憲法、政家《せいけ》憲法、儒士《じゅし》憲法、神職《しんしょく》憲法、釈氏《しゃくし》憲法が書かれている。

これらは、すべて権力者への制限を課した規律である。通蒙憲法は官僚たちが守るべきもの、政家憲法は政治家が守るべきもの、儒士憲法は儒教者が守るべきもの、神職憲法は神主が守るべきもの、釈氏憲法は坊さんが守るべきものであった。すべて権力を持っている者にたいする守るべき規律なのだ。

## 権力者に「和」を求めた聖徳太子

そしてその中心のテーマが「和」である。聖徳太子は権力者に和をもとめたのだ。日本人は縄文時代から戦いを好まず、弥生時代の苦難を経て、土地にも恵まれて平和な世界を築きつつあった。しかし、弥生時代を通じて生まれてきた権力者たちが、その権力を維持するために戦いを好んだのだ。

それに対して聖徳太子は「和」を求めた。戦うのではなく、共に話し合いで解決し平和な世界を作ろうとした。それが奈良時代から平安時代になって花開き、390年もの長い治世が平安の世では行われた。

平安時代は源氏物語にもあるように、男女平等で、知性のある女性たちに男が養われていたこともある。一夫一妻制でもなく、藤原氏の横暴があったけれど、それを圧しとどめる勢力もあった。

『大成経』が偽書となってしまったことで、聖徳太子の五憲法は葬り去られてしまった。そもそも偽書と訴えたのは、江戸時代に伊勢神宮を巡る勢力争いを起こしていた内宮《ないぐう》・外宮《がいぐう》派であり、偽書の制作を指示したとして訴えられたのは勢力争いの一方である伊雑宮《いざのみや》派の人々なのだ。『大成経』は、勢力争いで偽書とされたに過ぎない。そこに書かれた聖徳太子の真意を消し去ってはいけないのだ。

### 600年に隋に渡った使者がいた！

# 小野妹子は最初の遣隋使ではなかった!?

## 『隋書』に書かれたもうひとりの遣隋使

607年、遣隋使として隋へ渡った小野妹子《おののいもこ》。だが、彼より7年も前に隋へ派遣された人物がいた！

妹子の渡航が記された『日本書紀』には〝600年の遣隋使〟の記録はない。だが、『隋書』の東夷伝倭国条《とういでんわこくじょう》によると、この〝600年の遣隋使〟は隋の文帝《ぶんてい》に倭国の政治や風俗についての話を伝えたという。ところが文帝はそれを「義理のないもの」と評した。これを〝蛮夷《ばんい》な国〟と侮辱されたと受け取った倭国は

『日本書紀』への記録を見送ったというのだ。

## 妹子が『日本書紀』に記載されたワケ

その後、607年に小野妹子が隋へと渡る。当時、大和政権は朝鮮南部に保持していた勢力基盤が危うく、隋は中国を統一して高句麗《こうくり》遠征を企《たくら》んでいた。この情勢下で、大和政権は隋と〝独立した国〟としての外交関係を結ぼうと考えた。この目的を果たすための外交使節として選ばれたのが小野妹子だったのだ。彼は隋の皇帝・煬帝《ようだい》に国書を提出。

そこに綴られた文言が煬帝を激怒させ、妹子は帰国することになるが、〝600年の遣隋使〟と違って彼は隋の使者を伴って帰国。隋は高句麗と大和政権が結束しないよう、良好な関係を結ぼうとしたのである。結果、友好の証《あかし》として隋の使者を連れて帰ってきた妹子は政権の期待に応えたことになる。この功績が評価され、『日本書紀』に〝初めて〟の遣隋使として記録された……というのが遣隋使をめぐる真実なのだ。

## 歴史書が明かす偽りの親族関係

# 兄弟ではなかった!? 天智天皇と天武天皇

### 輝かしい功績を持つ偉大なる兄弟

大化の改新で大きな功績を残し、最大の功労者とも呼ばれた天智《てんじ》天皇。彼の死後、壬申《じんしん》の乱を経て弟・天武《てんむ》天皇が皇位を受け継いだ。

このように、これまで兄弟とされてきたふたりだが、実際には実の兄弟ではなかったのではないかという説が浮上している。天智天皇と天武天皇が兄弟であることは『日本書紀』『古事記』で示されているが、ほかの歴史書に書かれた年齢を計算すると、矛盾が生じてくるのだ。

たとえば『本朝皇胤紹運録《ほんちょうこういんじょううんろく》』では、天武天皇は686年に65歳で亡くなったと記されている。そこから41年前の大化の改新時の彼の年齢を割り出すと、彼が24歳のときに大化の改新が起こっている。しかし、『上宮聖徳法王帝説《じょうぐうしょうとくほうおうていせつ》』によれば、兄であるはずの天智天皇は、そのとき20歳だったというのだ。弟の天武天皇を兄の天智天皇が4歳も下回っている……タイムパラドックスでも起きたのだろうか。

## 天智天皇はふたりいた？

天智天皇にはさらなる憶測も飛び交っている。彼は626年に生まれたというのが通説であるが、前述の『上宮聖徳法王帝説』では614年となっている。そのため、実は天智天皇はふたりいたのではといわれているのだ。

この説が真実なら、平安時代の歴史書『扶桑略記《ふそうりゃくき》』で綴られた〝天智天皇暗殺説〟も、〝病死した天智〟と〝暗殺された天智〟のふたりが存在していると考えればあり得る話なのだが……。

屍《しかばね》を乗り越えて奪い取った皇位

# 持統天皇の皇位継承は仕組まれたもの!?

**満になるように仕向けたはずが……**

天武《てんむ》天皇には10人の皇子がいたが、後継者候補となったのはそのうちのふたりだった。それは草壁《くさかべ》皇子と大津《おおつ》皇子。年齢から考えると草壁皇子が有力だったが、彼は病弱さが難点。その点、大津皇子は文武両道で周囲の評判も高かった。天武天皇が悩んだ結果、選んだのは草壁皇子だったが、大津皇子を後ろ盾として政治に参加させ、禍根《かこん》を残さぬように取り計らった。

だが、天武天皇が死を迎えると、生前の思いもむなしく、皇位継承問題が巻き起こった。そして、死後1カ月も経たないうちに大津皇子は謀反の疑いで逮捕。その翌日に処刑されてしまったのだ！

## 謀反は冤罪《えんざい》!?　皇位は私のものよ！

謀反の動機としては皇位を狙ったというのが第一に考えられるが、政治に参加する権利は得ていたため謀反を起こすメリットは少ない。それに、天武天皇の正妃・鸕野《うの》皇后の監視下では謀反は不可能に近かった。

そこで巻き起こったのが冤罪説である。黒幕は草壁皇子の母である鸕野皇后。皇位を握れるだけの実力と人気がある大津皇子は、草壁皇子が皇位を継承するには邪魔な存在だった。謀反に見せかけて殺すことによって草壁皇子の地位を確実なものとしたのだ。だが、草壁皇子も即位前に死去。すると、鸕野皇女は自ら持《じ》統《とう》天皇として即位したのである。

何という巡り合わせであろうか。この一連の出来事が偶然とは、とても考えられない。

## 念願の来日を果たした僧

# 「鑑真＝盲目」説は間違いだった？

### 渡航中の鑑真を襲った悲劇

栄叡《ようえい》、普照《ふしょう》とともに743年から何度も渡日を試みた鑑真《がんじん》。しかし、すべての渡日に失敗、そして5度目の渡航中には栄叡が病に倒れて亡くなってしまう。

この栄叡の死のショックと、ピークに達した渡航での疲れのダブルパンチで、鑑真は両目の視力を失ってしまった……というのがこれまでの通説。

ところが最近、鑑真の視力は完全には失われておらず、ものを見ることができたのではないか……という新説が浮上した。

証拠は、正倉院《しょうそういん》に伝わる〝鑑真書状〟の中にある。これは、鑑真の失明後に彼の弟子によって書かれたといわれてきた文書だが、筆跡がこれまでに見つかった彼の弟子たちの筆跡と異なることが明らかになったのだ。

さらにいえば、最後に「鑑真」と記された署名部分は、かなり崩された文字であるが、尊敬する師の名前を崩して書くなどあり得ない。鑑真が書いたものだとすれば〝失明説〟が揺らぐことになる。

## 不自然な運筆の跡

さらにその文書の文字には、目に障害を持つ人特有の、不自然な力が加わった筆使いが見られるという。弱いながらも若干の視力が残っていた可能性は高い。

不自由ながらも残された視力で、鑑真は自分が生きていた〝証〟を後世に残したのである。

## 『尊卑分脈』に道長の愛人と書かれたが……

# 嫉妬深くて、藤原道長も逃げ出す紫式部!?

### 光源氏のモデル!? 藤原道長

2024年の大河ドラマの主人公、紫式部。彼女は『源氏物語』の作者であり、光源氏《ひかるげんじ》を世に送り出した人物である。

彼女が教師を務め、使えた相手は藤原道長《みちなが》の娘である中宮（藤原）彰子。この藤原道長が光源氏のモデルともいわれている。大河ドラマでも、藤原道長と紫式部の幼い恋心が描かれるが、実際は実ることがなかった（となるであろう——この原稿を執筆中は、まだ大河ドラマが終わっておらず、恋の結末はわからないが……）。

ただし、光源氏のモデル候補は他にも多くいる。醍醐《だいご》天皇によって臣下に下った源氏の源高明《たかあきら》、同じく降下した嵯峨《さが》天皇の皇子、源融《とおる》。彼は六条の河原院の広大な邸宅に住んでおり、モデル候補の最有力である。

さらに、『伊勢物語』の主人公、在原業平《ありわらのなりひら》。姫との密通現場の状況や都落ちの情景は非常に似ている。ほかにも菅原道真《すがわらのみちざね》などもモデルの一人だと言われている。

しかし、その中でも絶大な力があったのが藤原道長である。道長の歌として、「この世をば　我が世とぞ思ふ　望月の　欠けたることも　なしと思へば」が残る。「この世はすべて自分のものではないだろうか、満月が欠けてないように、何でも自分の思い通りになる」という意味の歌だが、途方もない力があったのだろう。

## わざわざ書かれた、道長を袖に振った話

その道長と紫式部はかなり近い関係であった。式部は道長の娘の中宮の教育係

であるから、よくある恋愛ドラマの家庭教師の女性と生徒の父親のただならぬ関係ということだ。

ただし、『紫式部日記』には、道長が口説いてきたが、直《ただ》ちに断ったという記述がある。紫式部は道長を袖に振ったというわけだ。

しかし、これも、式部がわざわざこのように記述するのはおかしい、と『源氏物語』の英訳を手掛けたアーサー・ウェーリーは書いている。さらに、南北朝時代に成立した系図集『尊卑分脈』には、式部は道長の愛人（召人《めしうど》）であったと書かれている。

その記述は以下の通りだ。「紫式部是也　源氏物語作者　右衛門佐藤原宣孝室御堂関白道長妾云々」とあるのだ。意訳すれば、「源氏物語の作者である紫式部は藤原宣孝《のぶたか》の正室であり、関白の藤原道長の妾であると言われる」となる。

ただし、これも、平安時代から500年近くたったころの人名帳だから、どこまで正しいかわからない。もちろん、道長は次々と近親者を愛人にして高官に任命し、自らの権力基盤を固めた。彼の政治手法からすれば、紫式部が愛人であっても全く不思議ではないのだが……。

## 実は超嫉妬深かった紫式部

ちなみに、紫式部が使えた中宮彰子は一条天皇の后であった。一条天皇にはそのまえに藤原定子という后がいたが、藤原道長が無理やり娘を天皇の后にした。この定子に仕えていたのが『枕草子』の作者、清少納言であった。定子は彰子が后になった翌年に亡くなっているので、清少納言と紫式部との直接的な衝突はなかったようだが、紫式部はかなり清少納言に辛口評価をしている。

このことは、次項目でも指摘しているが、ここでは、具体的な内容を紹介しよう。『紫式部日記』には以下のように書かれている。清少納言について、「風流がわかったふりをしている」、「男の使う漢字を偉そうに使って、でも間違っている」、「薄っぺらい女」（すべて意訳）などと書いている。これは、宮中で人気のあった清少納言への紫式部の嫉妬ではないかと言われているが、もしかすると藤原道長も紫式部の嫉妬に悩まされていたかもしれない。

女ふたり集まれば対立するもの？

# 犬猿の仲だった清少納言と紫式部

## 勃発！　清少納言VS紫式部

女流文学が隆盛を極めた平安時代。その中心が『枕草子』の清少納言《せいしょうなごん》と前項目でも言及した『源氏物語』の紫式部《むらさきしきぶ》である。

このふたりの才女、俗説として〝仲が悪かった〟とされるのは、その対照的な性格ゆえだろう。

「人に一番気に入られたい」とは、清少納言の言葉。宮廷で生活し、まさに社交界の花形的存在であった彼女は、自分の才能をより多くの人に認めてもらうことを望んだのである。そんな清少納言に対して、紫式部は「宮中のようなところで、どうして見識をひけらかしたりできるのか」といって批判したのだ。

ふたりが活躍した時期には若干のズレがあり、実際に顔を合わせることはなかった。しかし、お互いに相容《あいい》れない存在であったことは間違いなさそう。

## ライバルがいたからこそ……

また、彼女たちの不仲説を後押しする根拠に、とある政治的背景が存在している。ときの一条天皇《いちじょうてんのう》は「一帝二后」というふたりの妻を置くシステムの祖であり、皇后に定子《ていし》、中宮《ちゅうぐう》には彰子《しょうし》を立てていた。そして清少納言は定子に、紫式部は彰子に仕えていたのである。仕える后《きさき》同士が対立しているのだから、ふたりが相反する関係であったことは想像できるだろう。

とはいえ、ライバルがいたからこそ互いに高め合うことができたのもまごうことなき真実。そんなふたりの対立関係が、女流文学の隆盛につながった……と言えるのかもしれない。

# 第二章 中世

### 津軽《つがる》の地に誕生した巨大な貿易港、十三湊《とさみなと》

# 日本海側が交易の中心だった江戸時代までの日本

## 江戸時代まで、交易の相手はユーラシア大陸

戦後の私たちは、感覚として関西から東京にかけての太平洋岸が日本の経済、交易の中心であると思っている。学校で「太平洋ベルト地帯」と教えられたし、日本海側を「裏日本」と差別的に呼んでいた時代もある。

しかし、江戸時代までは、日本海側が日本経済の中心であり交易の中心であった。日本が交易していたのは中国と朝鮮半島、および東南アジアと北東アジアである。そして、日本はシルクロードの終着点として認識されていた。シルクロー

ドは遠くローマから、いまの中東、中央アジア、中国を経て博多につながっていた。日本の交易の相手はユーラシア大陸がほとんどだった。

## 『廻船式目《かいせんしきもく》』の三津七湊《さんしんひちそう》のうち八つが日本海側にある

さらに、室町時代末に成立した日本最古の海洋法規集である『廻船式目』には、日本の十大港湾が記されているが、そのうち8つまでが日本海側なのだ。その十大港湾は三津七湊といわれ、三津が安濃津《あのうつ》（三重県津市）、博多津、堺津であり、七湊は三国湊《みくにみなと》（福井県坂井市）、本吉湊《もとよしみなと》（石川県白山市）、輪島湊、岩瀬湊（富山市）、今町湊（新潟県上越市）、土崎湊（秋田市）、十三湊（青森県五所川原市）である。安濃津だけが太平洋岸で、瀬戸内海に面した堺津を除けば、すべて日本海側にある。

その日本海側の最北端にあるのが十三湊だ。この港は十三湖《じゅうさんこ》のほとりにあり、近年になって大々的に発掘された。1991年に国立歴史民俗博物館による本格的な発掘調査が始まり、2004年までに150を超える調査が行われ、200

5年には国の指定遺跡に登録されている。

この十三湊は20世紀にはほとんど知られていなかった。当時、十三湖は裏さびれた寒村にある湖でしかなかった。太宰治《だざいおさむ》は小説『津軽』に十三湖のことを「人に捨てられた孤独な水たまり」と書いた。絵本『十三湖のばば』に綴られているのは寒さと飢えに次々と子供がなくなっていく女性の話だ。東北の貧しさの象徴として語られていたのが十三湖とその周辺であった。

**計画的な都市に10万もの人々が住んでいた**

しかし、その印象が発掘調査でガラリを変わった。その発掘調査で鎌倉時代の十三湊には、南北1・5キロ、東西約500メートルの計画された都市が建設され、10万人もの人々が暮らしていたと考えられる遺跡が出てきたのだ。

十三湊の特徴は、海とつながった湖にある。湖自体が大きな入り江。だから、海が荒れた日であっても海から一旦湖に入ってしまえば、穏やかな水面になり自然の良港となっていた。

　この十三湖の周辺には縄文遺跡が発掘されている。当時は、湖は今よりも広くより豊かであった。そして、三内丸山遺跡を中心とした津軽地方の縄文ネットワークに入っていたのだろう。その後、弥生時代後期に地球全体の寒冷化が始まると、十三湖周辺の人口が減少する。しかし、800年代後半に、朝廷の圧政から逃れるために蝦夷《えみし》が津軽地方に居住し、十三湖にも人が増えるようになる。

　そして、平安後期には、十三湖のほとりの小さな湊が、蝦夷《えぞ》地との交易で栄えるようになるのだ。当時、十三湊は蝦夷の血をひく奥州藤原氏の影響下にあった。十三湊は奥州藤原氏3代目の秀衡《ひでひら》の弟、秀栄《ひでひさ》が治めていた。彼が建立した檀林寺《だんりんじ》や福島城《ふくしまじょう》がある。

　鎌倉時代に入ると、頼朝に滅ぼされた藤原氏に代わって豪族の安藤（のちに安東）氏が治めるようになり10万もの人口を抱えるようになる。当時の十三湊は京都や能登、遠くは博多と北方を結ぶ交易の中心に位置していた。そして、安藤氏は商船を狙う倭寇《わこう》などの海賊から水軍によって守っていた。その十三湊には、ときには大陸からの訪問者もいたであろう。多くの中国製磁器なども発掘されている。

## 日本の大きな文化圏 北東北と北海道

### 大きな営みが北の大地でもあった

### 南の文化圏しか知らない日本人

多くの日本人は、日本の北の文化を意識しない。歴史を検証する場合も、その深層心理は働いてしまう。北を無視してしまうのだ。

縄文文化がもてはやされて長い月日が経っているが、どうしても、日本人の文化の根底には米文化、稲作文化が染みついている。日本人にとって米はうまかったのだ。そして、人々を一番腹いっぱいにしてくれたのが米であった。

その米は、中国浙江省《せっこうしょう》や福建省《ふっけんしょう》あたりから日本の九州に入ってきた。米は南からやってきた。そして、日本の南から西へ、そして北上して東北地方に波及していった。その間、数百年。稲作文化は日本を豊かにしていった。

同時に、稲作文化を担った人々は、より豊かな場所を求めて、九州の高千穂から大和に移り住み大和王権を確立した。彼らは、単に権力を持っただけでなく、進出した多くの土地の民を稲作文化で豊かにしていった。腹いっぱい食べる魅力に人間は勝てないのだ。豊かさは南から来たのだ。

## 北を征服しようとした南の日本人

さらに、南は常に北を征服しようとしていた。平安王朝は坂上田村麻呂を派遣して東北の蝦夷を制圧させた。その後の奥州の覇権をめぐって豪族たちは争い、11世紀に入ってやっと蝦夷の血を引く奥州藤原氏が隆盛を迎える。

しかし、それも長くは続かず、源頼朝によって藤原氏は壊滅されてしまう。鎌倉時代から江戸時代は封建時代で各地域が独立していたので、幕府との軋轢《あつれき》はあっても地域の文化は守られていた。

だが、明治維新になって、会津と北の奥羽越列藩同盟《おううえつれっぱんどうめい》は、南の薩長土肥連合《さっちょうどひれんごう》に敗れ中央集権体制に組み込まれてしまう。そのためか、なぜか、北は南に隷属していると思われがちだ。さらに、どこかに北は寒くて貧しいという意識が根付いているように思う。だから、北に文化があったことにピンとこない。

## 縄文時代、どこよりも豊かな文化があった北海道と北東北

しかし、北にも文化があったのだ。それも豊かな文化があった。縄文時代は三内丸山遺跡に代表される円筒土器《えんとうどき》文化圏が、北海道南と北東北に形成されていた。これは、他の地域に比べて、より大きく、より豊かな文化であった。さらに、彼らは大陸と交易をしていた。

弥生時代に入ると、北東北は紀元前4世紀ごろに稲作がはじまるが、北海道はそのまま縄文の生活が残っている。北海道は、気候的に稲作に向かなかったのであろうし、稲作をする必要がないほど周辺の森や川から自然の恵みをいただくことができたのだろう。北海道に残った縄文文化を続縄文《ぞくじょうもん》文化と呼ぶ。

大和王権が古墳時代に入っても北海道は続縄文文化が残った。そして、その文化は逆に南下し、東北北部でも広まるようになる。当時も、北海道と東北地方の人々は活発に交流していた。北海道の毛皮やサケが宮城県などの遺跡からも発掘され、逆に古墳文化の鉄器やガラス玉が北海道の遺跡から出土する。

さらに、続縄文人は、サハリンとも交易をしている。サハリン産のコハクの装飾品が北海道の遺跡から発掘されるのだ。大和王権でいえば古墳時代から飛鳥《あすか》時代にかけて、北海道を拠点に続縄文人は東北南部からサハリンにかけて交易をし、コハクや鉄器などさまざまな富を蓄積するようになる。そして、社会が階層化し、首長がより大きな富を得るようになっていく。

その後、北海道に東北地方から移住する人々が、農耕文化を伝えるようになり、北海道は農耕文化と狩猟採集の文化が共存するようになる。これを擦文《さつもん》文化と呼んでいる。そして、11世紀に入ると、竪穴住居はなくなり平地住居になり、土器から鉄鍋、漆器椀、白木椀に変わっていく。アイヌ文化の登場である。このように、北海道、北東北地方には、大和王権にはない大きな営みがあったのだ。

### 実は出世を約束されたサラブレッド!?

# 平清盛の父親は白河法皇だった!?

## 成り上がりのイメージと出生の秘密

平清盛といえば、武家の出身でありながら太政大臣《だじょう》の位にまで上り詰め、一族郎党ことごとくを官職に就け、「平家にあらずんば人にあらず」と身内に言わしめた傑物である。

頭角を現したのが保元《ほうげん》の乱（清盛38歳）、平治《へいじ》の乱（同41歳）を制した中年期だったことから、一般的にルックスのイメージは完全にオッサンのそれだろう。

出家して剃髪《ていはつ》した51歳以降の姿を思い浮かべる方も多いかもしれない。エネルギッシュな風貌は、〝成り上がり〟のイメージとどこかリンクする。

だがしかし、清盛には〝やんごとなき貴人のご落胤《らくいん》〟という噂が付きまとう。誰あろう、「天下三不如意《てんかさんふにょい》」で知られる白河法皇である。

## 侵されざる白河法皇の権威

「天下三不如意」とは、『平家物語』に登場する白河法皇の思い通りにならない3つのもの――賀茂《かも》川の氾濫水、すごろくのサイ、山法師《やまほうし》（比叡山延暦寺《ひえいざんえんりゃくじ》の僧兵）を指す。逆に言えば、この3つ以外のことであれば、すべてが意のまま。当時、白河法皇の権力はそれほど絶対的であった。

その絶対権力者と血がつながっているとなれば、平治の乱以降の清盛の大躍進も合点がいく。

『平家物語』によれば、母親の祇園女御《ぎおんのにょうご》は白河法皇の寵愛《ちょうあい》を受けた後、平忠盛《ただもり》との間に清盛を授かったとされている。

祇園女御は氏素性《うじすじょう》も生没年も不詳だが、妹の子を猶子《ゆうし》にしたとする説もある。

その子供こそ、平清盛であるともいわれている。

## 権力の頂点に立った親子の共通点

いずれにせよ、清盛は祇園女御の後押しを得て、出世街道を駆け上がる。武家の出で太政大臣の地位にまで上り詰めるなど、異例中の異例である。

後に天下を取った武家出身の源頼朝が、朝廷とは一線を画して鎌倉幕府を開いたのとは好対照である。清盛は、あくまでも既存の権力基盤にこだわった。天皇の外戚となり、政《まつりごと》をほしいままにすることにこだわった。それはまるで、父親であるかつての白河法皇のように。

この親にして、この子あり。

「平家にあらずんば人にあらず」は、清盛が発した言葉ではない。けれども白河法皇の「天下三不如意」の意識は、脈々と受け継がれていたのかもしれない。

あなたの知らない
日本史の
大常識

平成から令和にかけて脚光を浴びる「義経北行伝説」

# 源義経は平泉で死んではいなかった!?

## 義経《よしつね》が生きて北へ逃げた説を検証する

源義経がユーラシア大陸に渡ってジンギスカンになったという伝説がある。この伝説のはじまりは大正時代の終わりに小谷部全一郎《おやべぜんいちろう》が『成吉思汗《ジンギスカン》ハ源義経也《なり》』という本をだしてベストセラーになったことにある。これは、多くの学者から否定され、いまではトンデモ説として葬り去られている。しかし、平成の終わりから令和に入って、また、この説が脚光を浴びているのだ。２０１６年、歴史ものをはじめ様々な作品で知られる作家の山崎純醒《じゅんせい》が『義経北紀行《ほっきこう》伝説　第一巻平泉《ひらいずみ》篇』を発行し、一部に熱狂的ファンを持つ田中英道《たなかひでみち》東北大学名誉教授が『やはり義経はチンギス・ハーンだった』を2023年に出版している。

山崎は、義経が平泉を生き延びて、北へ向かったことの一つ一つの事象を丁寧に検証し解説している。田中の本に関しても美術史の専門家として、義経とチンギス・ハーンの姿をフォルモロジー（形象学）で分析したレベルの高いものだ。

## 「生きていた」と「ジンギスカンになった」を分けて考える

ここでは、これらの成果を踏まえて義経＝ジンギスカン説を検証してみたいと思う。検証するにあたっては、この説を大きく二つに分けて考えたい。

一つは「義経が平泉を生き延びて、北へ向かった」ということ。そしてもう一つは「北へ向かった義経が大陸に渡ってジンギスカンになった」ということだ。

なぜ、二つに分けるかといえば、義経が平泉を生き延びたというのは、かなりあり得る話だからだ。そもそも平泉で義経が死んだというのは、鎌倉幕府が正史としてまとめたとされる『吾妻鏡《あづまかがみ》』にそう書かれているからに過ぎない。

この『吾妻鏡』自体が伝承と他の記録から編纂《へんさん》されたもので、鎌倉幕府成立後、100年以上も後の作品で、途中抜けている年もある。義経が自害したことも他の文書や伝承から書き写されたに過ぎない。そして様々な疑問点が山盛りなのだ。

一方、ジンギスカンになったというのは、義経にとってかなりハードルが高い。大陸に渡らなければならないし、そこである民族の首長にならなければならないし、さらに、他の民族との戦いに勝ち抜かなければならない。

## 検証の一番のポイントは義経の首

そこで、ここではまず、一つ目の「義経が平泉を生き延びて北へ向かった」という点を検証する。実は、この「義経が平泉を生き延びて北へ向かった」という説はかなり信憑性が高い。一番大きなポイントが義経の首だ。

義経は兄の源頼朝と対立し、奥州藤原氏の拠点である平泉に逃げ込んだ。奥州藤原氏は東北地方を支配する鎌倉幕府にも匹敵できる勢力であり、平泉は義経が若いときに暮らした場所である。奥州藤原氏三代目秀衡《ひでひら》は、その義経を匿《かくま》った。

しかし、その秀衡がなくなると、その息子である泰衡《やすひら》が義経を裏切って挙兵し彼を自害に追い込んだのだ。その時、義経が潜んでいたお堂は焼かれ火にまみれた。

1189年6月15日に自害し火に焼かれた後の義経の首は、43日間、酒の入った櫃《ひつ》につけられ鎌倉に運ばれた。そして、腰越《こしごえ》で梶原景時《かじわらのかげとき》と和田義盛《よしもり》に首実検《くびじっけん》された、二人はその首を義経と認めたのだ。景時は義経と共に源平合戦を戦った人物だ。

しかし、ここで疑問にぶつかる。なぜ義経が死んでから首実検するまで43日もかかったのかということだ。さらに、焼かれた首が本物と見極めることが可能なのかということだ。平泉から鎌倉まで早馬で10日間かかる。しかし、鎌倉に義経が自害したという報告が入ったのは22日後。頼朝は泰衡に散々、義経を匿っていないかどうか問うている。本来なら、いの一番に鎌倉に報告すべきなのに、通常の倍以上の時間をかけている。おかしくはないか。

さらに、その時期は、旧暦閏《うるう》5月であるが、今でいう6月中旬。そこから43日間は一番暑い時期になる。酒につけられているとはいえ首は腐敗してくるだろう。なおかつ首は焼かれていた。あきらかに工作したとしか考えられないではないか。見え見えではないか。というより、誰が見てもおかしいと思ったであろう。

ただし、ここでも疑問が起こる。なぜ、焼かれた首を義経のものと景時と義盛が認めたのかということだ。さらに、なぜ、見え見えの手を藤原泰衡はしたのかということだ。前者に関しては、二人が義経を庇《かば》ったということも考えられる。しかし、それも無理がある。義経が生きていることがわかれば、首実検で嘘をついたことがばれて処刑される。間違いだと主張しても、その咎《とが》めを受ける。

## 時間稼ぎで利害が一致した頼朝と泰衡

これは、源頼朝が「偽物の首を義経の首として騙《だま》されてやった」と考えるのが、一番自然である。すでに、この時期、頼朝は奥州藤原氏を倒すことを決めていた。関東以北を治めるには、明らかに奥州藤原氏は目の上の瘤《こぶ》だ。

しかし、そのためには圧倒的な武力を用意する必要がある。奥州藤原氏は、東北では巨大な勢力であった。しかし、まだ鎌倉には各地から兵士が集まってなかった。時間稼ぎがしたかったのだ。さらに、義経が生きていて奥州藤原氏を指揮していると武士たちが知ったら、武士たちは尻ごみをするであろう。なにせ平家を破ったのは義経だからだ。そのため義経を死んだことにし、兵力がそろうまでの時間稼ぎとして偽物の首を本物と認めたのだ。

一方、平泉の藤原泰衡も同じく時間稼ぎをしようとした。泰衡も鎌倉の頼朝が平泉の奥州藤原氏を壊滅させようとしていることはわかっていた。しかし、泰衡は平泉の奥州藤原氏が鎌倉側に勝てるとは全く思っていなかった。

平泉側は、この100年近くまともに戦闘をしたことがない。武士はいても本当の戦を知っているのは義経とその配下の数十騎だけだ。一方、鎌倉側はつい最近まで源平合戦で死闘を繰り広げてきたツワモノばかり、勝てるわけがない。

秀衡から家督を継いだ時点で、泰衡は鎌倉側と本気で戦うのをあきらめ、いかに生き延びるか考えたに違いない。それは、平泉を捨てることだ。そして、自らのルーツである東北の奥地へ、北へ逃げるに限る。しかし、平泉には鎌倉の間者《かんじゃ》（スパイ）が潜んでいる。彼らの目をくらますためにも、義経を自害させたことにし、首実検に時間をかけさせ、その間に義経ともども北へ逃げたのだ。

### 歴史研究の発達で信憑性が増したトンデモ（？）説

# 源義経＝ジンギスカン説はまったくの不可能か？

前項に続いて、ここでは義経＝ジンギスカン説を検証する。ただし、ここではトンデモ説として頭から否定するのではなく、可能性がまったくゼロなのか確認してみたい。いままでの常識にとらわれていたら、新説はすべて否定されてしまう。

## 義経の生きた時代とジンギスカンが生きた時代は同じ

そこで、まず、基本的なことを確認しておこう。義経とジンギスカン（ここからは通常使われるチンギス＝ハンとする）の年代が重なっているかだ。定説では義経の生まれは１１５９年で、死亡は１１８９年となっている。一方、チンギス

＝ハンは1162年生まれで、死亡が1227年。時期的にはピッタリ合っている。そして、義経は平泉を脱出したのが1189年で、チンギス＝ハンが蒙古《もうこ》を統一したのが1206年、この間17年。これも時間的には可能な範囲だろう。

## 北海道へ向かった義経一行

義経北行伝説では、平泉を脱出した義経は十三湊《とさみなと》へ向かったとされる。当時、十三湊は藤原秀衡の弟の秀栄《ひでひさ》が治めていた場所だ。そこに立ち寄り、さらに北へ向かったとされる。これも不思議ではない。当時、十三湊から大陸へ渡ることも十分可能だった。義経の時代から遡ること200年ぐらい前には渤海《ぼっかい》国から十三湊へ使者が来ていたことがわかっている。200年前にできたのだから、より船の性能が上がった鎌倉時代にできないことはない。

しかし、義経一行は北海道へ渡っている。その理由は、大陸への野望がなかったからかはわからないが、まず、馴染《なじ》みの場所へ行きたかったと考えていいだろう。当時、北海道は擦文《さつもん》文化からアイヌ文化に変わったころであった。

擦文文化は東北北部の人々が北海道に農耕文化を持ち込んで成立した。だから、東北の人々にとって北海道は未開の地ではなく近隣という認識だったに違いない。しかし、鎌倉の人々にとっては遠い地の果てに感じたはずだ。だから、義経一行が逃げるには最適である。十三湊は藤原氏の土地であることは明白だから、すぐに鎌倉軍が来るであろう。実際、その後、十三湊は鎌倉側の安藤氏に奪われている。

北海道には義経や弁慶《べんけい》の伝説が多く残っている。ここでは、その一つ一つを検証しないが、どの地でも義経一行は一時的、長くても数年で、その地を離れている。義経一行は定住していない。その場所に骨を埋めていないのだ。

## 女真《じょしん》族が本州からサハリン、アムール川流域の交易をしていた

なぜだろう。はやり、鎌倉幕府が怖かったのか。それとも、武士の血が騒いだのか。義経一行の連中は土着の武士ではない。坂東《ばんどう》武者のように土地を背負いつつ（農業をしつつ）戦っていた者たちではない。義経自身、京都の鞍馬《くらま》で武者修行をして、奥州で馬術と剣術を磨き、源平合戦では各地を転戦して勝利してきた。

その義経と共にした武士たちは根っからの流れものなのだ。北海道にも根付くことなく北へ向かったと思われる。しかし、ここからの義経一行の情報はかなり乏しくなる。それはサハリン（樺太《からふと》）に向かったからだと思われる。いまは日本ではないサハリンのため義経の史料は少なくなる。そう考えるのが自然である。

当時、サハリンへ行くのは可能であった。ツングート系の女真族の人々が、北海道から中国大陸にかけて大規模な交易を行っていた。彼らについていけば、サハリンだけでなく中国大陸に渡るのは全く問題がなかっただろう。実際、江戸時代に間宮林蔵《まみやりんぞう》はサハリンの北端からアムール川付近に上陸している。いまでも、林蔵が渡った海峡は間宮海峡として知られている。

ちなみに、アムール川の少し上流にハバロフスクがある。そこの博物館には日本式の古い甲冑《かっちゅう》と笹竜胆《ささりんどう》（源義経の家紋）が描かれた朱塗りの机があったという。またアムール川支流のウスリー川の河口にあるナホトカの近くには、ハンガンという湾があり、その近くには５００年以上も前の建築物に笹竜胆が描かれていた。義経の正式な名称は判官（ハンガン）源九郎義経である。

偶然ということもあるが、義経一行が来た可能性も全く否定はできない。その後の義経一行の足取りは、一旦ウスリー川を逆流し、アムール川に沿って内陸のチチハルに出て、そこから大興安嶺山脈《だいこうあんれいさんみゃく》を越えてモンゴル高原に入ったとなっている。その過程にも上記したような義経一行の軌跡があるのだが、それもあくまで決定的証拠というより可能性としてあるというにすぎない。

しかし、だからといって、まったく可能性がないかというとゼロではない。誰でも行ける場所なのだから、仮説としては荒唐無稽だが、物理的な可能性としてみればできなくはない。

## 義経がモンゴルを征服できたのか

源義経一行がモンゴル高原に行けたとしても、彼らがモンゴル高原を支配することはできたのか。ただし、これもゼロではないのだ。圧倒的武力を持っていれば、ある文明を破壊させることや従わせることは可能である。実際、南米の高度に発達したインカ帝国を、スペインのピサロは、いとも簡単に征服した。

はたして、義経一行の武力は圧倒的だったのか。それを考えるにあたって、チンギス＝ハンの強さの秘密に迫ってみるとわかりやすい。チンギス＝ハンの強さはなんだったのか。その第一は騎兵である。騎馬軍団の強さである。そして、奇抜な戦術にあった。これが初期のチンギス＝ハン軍の強さを支えた。

これは、まさに義経軍の強さと同じだ。鵯越《ひよどりご》えの戦いで義経がとったのは、平家軍の真後《うしろ》にある絶壁から騎馬隊を率いて駆け下り、虚を突いて勝利を収めている。騎馬の巧みな捌きと卓越した（想像を超えた）戦術を取っていたのが義経である。義経がチンギス＝ハンであってもおかしくないし可能性はゼロではない。

ただし、その強さの一致は偶然と考えることもできる。それに、後世の創作だとはいえチンギス＝ハンの出自《しゅつじ》を綴っている『元朝秘史《げんちょうひし》』や『集史《しゅうし》』と、「義経はチンギス＝ハン」説はどう折り合いをつけるのか。それらの出自をまったくの創作として乱暴に片付けてしまうのか。

この義経＝ジンギスカン説には弱点は多い。決定的証拠はない。ただし、まったくの出鱈目《でたらめ》だと片付けてしまうのも乱暴かもしれない。

奥州平泉でのビッグサプライズ

# 西行は源義経と会っていた!?

## 一致する奥州平泉入り

西行晩年の1186年、奥州平泉を訪れた際に源義経と会っていたという説がある。源頼朝と対立した義経は、前年11月には態勢を立て直すべく船団を組んで西国へ向かったが、暴風により難破、以降は京都近辺を転々として1187年3月までに奥州平泉に入ったとされる。

西行が奥州平泉に入る前、頼朝と面会して鎌倉を発《た》ったのが8月16日であることを鑑《かんが》みると、秋には奥州平泉にいた可能性が高い。西行が奥州を発った日は明らかになっていないが、冬の旅路を避けて春先まで滞在していたと考えると、義経と面会していた可能性はさらに高まる。

## 『山家集』に掲載された面会の証拠

義経と西行が奥州平泉で会っていたとして、いったい何を話したのだろうか。『山家集《さんかしゅう》』には以下のような歌が収められている。

「涙をば　衣川《ころもがわ》にぞ流しつる　古き都を　思ひいでつつ」

添え書きには、罪を犯して陸奥《むつ》に送られた僧侶が都を思い出して涙を流していた、とある。さらに西行は、その僧侶が語った話を物語にしたい、と言ったという。

そして、この歌が義経との面会を詠んだものだとする説がある。義経の涙ながらの話を聞いた西行が、頼朝の理不尽さに憤り、「物語にして後世に残したい」と言ったというのだ。とはいえ、頼朝の目は怖い……結果、義経を「奈良の僧侶」に変えて『山家集』に掲載したようだ。

最晩年にケンカ別れ!?

# 西行は清盛を見捨てて頼朝についた!?

## 希代の悪漢と漂泊の詩人は元同僚!

『平家物語』の描写や日本人の〝判官《ほうがん》びいき〟により、これまで悪漢とされてきた平清盛《たいらのきよもり》。しかし2012年の大河ドラマ『平清盛』では、その知られざる姿が描かれている。卓越した政治力とカリスマ性で武士としては日本初の覇者となった男は、人情味あふれる好漢だった、と。そして、その清盛と生涯を通じての親友として描かれているのが、漂泊の詩人として知られる西行《さいぎょう》ある。もともと武門の家柄だった西行は、清盛とは同い年の友人で、ともに北面《ほくめん》の武士《ぶし》として鳥羽上皇の身辺警護にあたっていた。

## ふたりの交流と不可解な距離感

流鏑馬《やぶさめ》など武芸のみならず、和歌や蹴鞠《けまり》にも才があった西行は、将来を嘱望されていたにもかかわらず、23歳のときに出家。山里の草庵を転々とする生活に身をやつす。その後、奥州平泉への旅（20代の最初の平泉への旅）を経て高野山に入ってからも、西行と清盛の交流は続いていたようだ。

高野山に課された造営費用の免除を清盛に依頼した「円位書状《えんいしょじょう》」のほか、清盛への期待を表したり偉業を称たたえたりするような和歌が残されている。

ところが、これをもって〝生涯の親友〟とするには、いささか無理がある。そもそも同じ北面の武士だったとはいえ、清盛と西行では当時の身分が違いすぎたからである。また、清盛の死に関わる和歌を残していないのも、生涯の友だったのだとしたら不自然だ。

## 権力者とはだいたいトモダチ⁉

晩年、後白河《ごしらかわ》法皇を幽閉した清盛に対して、西行が失望したとする説もある。だとすれば清盛の死後、源頼朝《みなもとのよりとも》と面会した西行の動きに疑惑が生じる。清盛を見限って頼朝に接近しようとしたのではあるまいか。

また、先の失望説を採れば、後白河法皇の使者だった可能性も浮上してくる。折しも、頼朝が弟の義経《よしつね》と決定的に対立していた頃である。表向きは勧進《かんじん》（浄財の寄付依頼）目的で義経のいる縁深い奥州平泉へ赴くにあたり、安全の保証を得るためとされているが……。

面会時、歓待した頼朝と対照的に、西行はつれない態度だったという。贈り物としてもらった純銀の猫まで、通りすがりの子供に与えたという徹底ぶり。イメージとはかけ離れた無頼ぶりである。演出過多、ととらえることもできる。その裏に、なんらかの政治的取引があったとしても不思議ではない。

あなたの知らない日本史の大常識

## 誰もが知る肖像画の真実

# 源頼朝の肖像画は足利直義がモデル!?

### 肖像画の中に描かれた矛盾

神護寺《じんごじ》（京都市）に所蔵される源頼朝の肖像画は、誰もが一度は目にしたことがある〝超〟有名なものだ。しかし1995年、この肖像画について衝撃的な新説が発表されたのである。

それはこの画のモデルが頼朝ではなく、室町幕府初代将軍・足利尊氏《あしかがたかうじ》の弟の足利直義《ただよし》であるというのだ。

その理由として、冠や毛抜型太刀《けぬきがたたち》の形式が頼朝の時代には存在しなかったという点や、肖像画に描かれた目や鼻、口、耳などの表現様式が、14世紀中期に制作されたものと一致する点などが挙げられる。何より、肖像画の像主が頼朝であるということがどこにも記されていないのだ。

唯一、大英博物館に頼朝像が残されているが、これは明らかに神護寺にある頼朝のものとされてきた肖像画を模写したもので、18世紀以降に成立したものだと研究で証明されている。

## 直義が願文の中で綴った衝撃の事実

また、直義が神護寺に宛てた願文の中に〝結縁《けちえん》のために自身（直義）の影像を神護寺に安置する〟といった内容が記されていることも明らかになった。

まだ新説が浮上して十数年のため、その肖像画が誰を描いたものかは論争中である。

今現在、ほとんどの教科書から姿を消してしまった頼朝の肖像画。したり顔で子供に「これは頼朝だ」なんて言ってしまわないように注意したいところだ。

3代で途絶えた不遇の将軍家

# 源氏3代暗殺の黒幕は誰だったのか？

## 計画通りに葬られた頼家

鎌倉幕府の黎明期《れいめい》に将軍職を担った源氏3代は、相次いで非業の死を遂げている。まず、初代将軍・頼朝《よりとも》であるが、娘の大姫《おおひめ》を後鳥羽《ごとば》天皇に入内《じゅだい》させようとするなど、藤原氏と変わらぬやり口に失望した諸武家の総意で暗殺されたといわれている。

続く2代将軍・頼家《よりいえ》の死因は、公式記録『吾妻鏡《あずまかがみ》』では一切語られていない。しかし、『愚管抄《ぐかんしょう》』には刺客に襲われて刺殺されたとあり、おそらく北条時政《ほうじょうときまさ》の手の者だろうと推察される。

なぜなら、これに先立つこと1年前、頼家が存命中にもかかわらず、藤原定家《ふじわらていか》の元に幕府から「頼家が没し、子の一幡《いちまん》は時政が討った。弟の千幡《せんまん》を将軍にするので許可してほしい」との書状が送られているのだ。その後、この書状に〝予告〟された通り比企能員《ひきよしかず》と一幡は時政に滅ぼされ、計画通り千幡が実朝《さねとも》として将軍職を継いでいる。

## 実朝暗殺の黒幕は後鳥羽上皇か

3代将軍・実朝の場合は、暗殺の実行犯は頼家の子・公暁《くぎょう》であることがはっきりしている。問題は誰が黒幕かだが、ここでは後鳥羽上皇説を紹介しよう。

彼は自らの側近・坊門信清《ぼうもんのぶきよ》の娘を実朝に嫁がせ、子供を作らせないように指示。源氏の血統を絶やそうとしたといわれている。また、当時の朝廷には身分をわきまえない昇進は若死にするという迷信があった。実朝を右大臣に異例の早さで出世させたのは、後鳥羽上皇の〝呪い〟だったのではないだろうか。

あまりにずさんだった高麗の造船事情

# 「文永の役」の神風は本当に暴風だった？

## 蒙古《もうこ》襲来に絶体絶命のピンチ！

神意に逆らうと起こるという「神風」。その規模はさまざまだが、鎌倉時代の中期、日本史上かつてないほどの大規模な神風が巻き起こった。1274年10月、約2万8000もの兵を率いる元《げん》・高麗《こうらい》連合軍が日本に襲来し、対馬《つしま》や九州、さらには博多、箱崎（福岡市）にまで次々と上陸した。

連合軍は銅鑼《どら》の音や火花が炸裂《さくれつ》する音を鳴り響かせながら大群で押し寄せたため、日本兵たちは度肝を抜かれたという。そのときの様子は、『八幡愚童訓《はちまんぐどうくん》』にも「博多・箱崎ヲ打捨《うちすて》テ、多クノ大勢、一日ノ合戦ニタヘカネテ落チコモルコソ口惜《ぐちおし》ケレ」と記されている。

## 神風は意外にも小規模だった!?

元・高麗連合軍の勢いは止まらず、翌日には九州北部が完全に占領されるかと思われた。ところがその夜、突如として博多湾を大暴風が襲ったのだ！　博多湾に碇泊《ていはく》していた連合軍の船は一瞬にして沈没。日本軍は幸運にも勝利を収めることができたのである。だが実際、この大暴風が起きたのは新暦の11月9日のこと。台風が発生する時期とはズレている。

伝承では大暴風といわれる神風だが、意外にも温帯低気圧程度の小規模なものだったのかもしれない。では、なぜそのような弱風で元・高麗連合軍の船は沈没したのだろうか？　実は当時、高麗の造船工事は手抜きで、実戦向きではない弱い船ばかりだったという。神風が吹くまでもなく、日本の勝利は決まっていたのかもしれない。

### 〝トンチ〟を利かせた一休の訓《おし》え

# 一休さんの〝奇行〟は仏教の伝統のため⁉

## 仏教での禁止行為を繰り返し……

〝一休さん〟の愛称で知られる臨済宗大徳寺派《りんざいしゅうだいとくじは》の禅僧・一休宗純《いっきゅうそうじゅん》。〝一休さん〟といえば、大きな目にクリクリ坊主、機転の利いたかわいい小僧が目に浮かぶが、実際には風変わりな格好を好み〝奇言奇行〟を繰り返す、相当な変わり者だった。

一休は僧でありながら木刀を差して街を歩き回り、仏教で禁じられている飲酒や肉食、また女犯《にょぼん》も平気で犯した。しかも隠れてするのではなく、公然とである。

だが、一休があえて衆人たちの目に触れるように破戒行為をしたのには、ある狙いがあった。一休がただの〝変人〟で終わらなかった理由があるのだ。

## 〝変態行為〟が共感を呼ぶ⁉

当時、京都五山《ござん》の禅僧たちには権力におもねり、五山文学などにうつつを抜かす風潮が蔓延《まんえん》。仏教の形骸《けいがい》化が懸念されていた。また、表面だけは〝イイ顔〟をして裏では堕落・退廃した生活を送る虚飾《きょしょく》や偽善に満ちた禅僧が増え始めていたのである。

こうした状況を目にした一休は、自身が〝乱れた行為〟を人目に曝《さら》すことで、堕落した禅僧たちを痛烈に批判したのである。そして、このままでは仏教が風化してしまうということを、身をもって僧たちに知らしめたのだ。

少し間違えれば〝変人〟とも思われかねない行動を、仏教の伝統を守るために堂々と行った一休。この形式にとらわれない人間性が民衆の共感を呼び、のちにかの有名な「一休頓智《とんち》話」を生み出したのである。

# あなたの知らない
# 日本史の大常識

# 第三章

# 戦国

物静かで温和、気配りもできるデキる男だった!?

# 勇猛果敢な幸村像、本当は物静かな人物だった?

## 猛将・幸村は実は物静か!?

逸話や後世の物語の影響で闘将のイメージが強い真田幸村《さなだゆきむら》（信繁《のぶしげ》）。本来はどんな性格だったのだろうか。

幸村といえば、大坂夏の陣での勇猛果敢《ゆうもうかかん》な戦いぶりが有名だ。中でも、家康《いえやす》の首に迫って自害を覚悟させたという話や、伊達《だて》家の騎馬鉄砲隊を蹴散らし、「関東武者が百万いても、男子はひとりもいないものだな」と嘲笑したとのエピソードがある。

しかし幸村の性格はイメージとは異なる。兄・信之《のぶゆき》は弟について、「心優しく、物静かで言葉も少なく、腹をたてることも少なかった」と残している。また、周囲への気配りも細やかで信頼も厚く、大坂の陣で烏合《うごう》の衆だった武将らをまとめられたのは、幸村だったからこそともされる。

## 温和な幸村を激怒させたのは？

そんな柔和な幸村が怒り狂った事件があった。関ヶ原の戦い後、父・昌幸《まさゆき》と幸村が上田城へと帰る途中、孫の顔を見ようと信之の居城・沼田《ぬまた》城に立ち寄った。しかし夫の留守を守る小松《こまつ》姫は「夫がいない間は、義父・義弟でも入城させない」と門を固く閉ざした。

昌幸は「これで真田家も安泰」と喜んだともいうが、幸村はこの対応に激怒。沼田城に突入を試み、父に止められたという。さらには「沼田の町に火をかけましょう」と提案したともいう。幸村が激怒したとの記録は、後にも先にもこれだけ。温和な義弟をここまで怒らせるとは、さすがは本多忠勝《ほんだただかつ》の娘だ。

義に生きた武将、最大の伝説

# 「敵に塩を送る」謙信の美談は作り話!?

## 武田領の領民に同情、支援？

上杉謙信《うえすぎけんしん》と武田信玄《たけだしんげん》は11年間、5回にわたって戦ったまさに宿敵同士である。その信玄に謙信が塩を送ったという美談は、知らぬ人のいない有名な逸話。だがこの逸話は、実は後年になって作り出された架空の話ではないかともいわれているのだ。

1568年、武田信玄はそれまで同盟関係にあった駿河《するが》の今川氏真《いまがわうじざね》を攻めた。武田氏の領地である甲斐《かい》と信濃《しなの》は内陸だったため、塩を含む海産物等は今川氏の駿河方面から運び込んでいたのだが、この争いが始まってからは今川氏が商品の流通をストップ。武田氏は塩が手に入らなくなってしまった。

そんなときに「敵国とはいえ領民に責任はない」として謙信が武田領に塩を送った、というのがこの逸話のあらましである。

## 「塩の輸入量増」が美談の起源

氏真が荷物の流通を止める「荷留《にどめ》」を行ったことは事実だが、川中島の戦いなどで何度も戦った武田氏と上杉氏の間にはまだ緊張関係が続いており、謙信が積極的に塩などの物資を送るということは常識的に考えにくい。

ではこの美談はどこから来たのか？

上杉領の越後《えちご》から武田領の信濃へと続く糸魚川《いといがわ》街道は、古くから塩の流通ルートとして有名である。今川氏による荷留によって駿河からの輸入が止まったことで、民間ルートでは糸魚川街道からの輸入量が必然的に増えた。この事実が「謙信からの贈り物」として美談になった、というのが真相のようである。

### 〝天皇〟を超えたかった男

# 朝廷を滅ぼし国王になろうとしていた信長

## 天皇の威を借る日本の権力構造

日本の半分を支配下に収め、天下布武まであと一歩まで達していた織田信長《おだのぶなが》は、本能寺の変によって夢半ばのままこの世を去る。しかし、もしも信長が天下統一を遂げていたら、彼は朝廷をも殲滅《せんめつ》し、日本史上初めて「国王」の地位に就いていたかもしれない。

有史以来、新しい支配者は必ず前の支配者を滅ぼすのが世界の「常識」である。しかし、日本だけはその常識が通用しない。

藤原氏《ふじわらし》、平氏《へいし》、源氏《げんじ》、足利氏《あしかがし》……。

彼らはみな、天皇家と姻戚になったり官位をもらって威信を高めたりすることで、支配の後ろ盾にしてきた。実権を持たないにもかかわらず、なぜか誰も天皇を「王位」から引きずり下ろそうとは考えなかったのだ。

## 右大臣の位をあっさり返上した信長

最初は信長も、内裏《だいり》の修復を援助したり、金品を献上するなど、朝廷に対して平伏する姿勢を貫いていた。

ところが1577年に右大臣に任命されると、信長は翌年にその位をあっさり返上したり、朝廷が権限を持つことに口出しを始める。

これは、日本の為政者がこれまで採用してきた「朝廷に権威を認めてもらう」体制にはコミットしないという宣言である。信長は、自らが認める新しい価値観に基づいて、天皇に代わる「日本の国王」になろうとしていたと思われる。

歴史的逆転劇が起こった合戦の真実

# 桶狭間の戦いは合戦場がふたつ！

## 愛知県内にふたつある桶狭間古戦場

1560年5月16日、2万5000の大軍を率いる今川義元《よしもと》は、わずか2000の織田勢に討たれ敗走する。この今川家滅亡のきっかけを作った戦いが、世にいう「桶狭間《おけはざま》の戦い」である。

桶狭間の古戦場といわれる場所は、現在の愛知県豊明市《とよあけし》栄町南館《さかえちょうみなみやかた》という場所にあり石碑も建てられている。しかし驚くなかれ、実はもう1カ所、桶狭間古戦場とされる場所が存在する。

その場所は同じ愛知県の名古屋市緑区《みどりく》有松町《ありまつちょう》大字ヒロツボの古戦場で、こちらも同じく石碑が立っている。隣り合わせでもないこのふたつの場所、いったいどちらが本当の古戦場だというのだろうか？

## 不意打ちされて分裂した今川軍

結論からいうと、ふたつとも桶狭間の古戦場だったようだ。

その理由は、合戦当時の今川軍の行動から見て取れる。沓掛《くつかけ》城を出発した今川軍は大高《おおたか》城を目指して地方道を進んでいた。ところが、途中の沓掛と大高のちょうど真ん中にある桶狭間山で昼食休憩をとっていたとき、織田軍からの奇襲を受けたのである。不意をつかれた今川軍のうち、ある者は来た道を戻って沓掛城のほうへ、ある者はこれから向かうはずだった大高城へ逃げた。つまり今川軍はふたつのグループに分かれ、それぞれ織田軍が追撃したのだ。

一度も本家争いが起きていないのも当然だ。事実、ふたつとも本物の桶狭間の古戦場なのだから。

## 長政への愛は偽りだった⁉

# スパイとして暗躍した信長の妹・お市の方

### 悲劇を生み出した原因はお市⁉

織田家と浅井《あざい》家の同盟を締結するために結ばれた織田信長の妹・お市《いち》の方《かた》と浅井長政《ながまさ》。ふたりは政略結婚ながら仲睦《むつ》まじい夫婦生活を送っていたことで知られている。だが、1573年、長政は義兄の信長に攻められ、自害するという非業の最期を遂げた。

信長と敵対していた朝倉《あさくら》家と浅井家が同盟を組んでいたために起きた悲劇であるが、この長政の死はお市の方がもたらしたという説がある。

## したたかなスパイ大作戦

信長はお市の方を嫁がせるときに、朝倉家には手出ししないことを浅井家と約束していたが、1570年、朝倉討伐のために進軍を開始。長政は板挟みの状況に陥るが、悩んだ挙げ句、朝倉の味方をすることに決め、背後から織田軍を急襲するために動き出す。

ここで動いたのがお市の方である。浅井・朝倉軍の織田軍挟撃作戦を知った彼女は、両端を縛った小豆《あずき》袋を送ることでこれを信長に知らせたのだった。信長を袋の中の小豆にたとえ、両端を結ぶことで挟み撃ちを表現したのだ。それを見た信長はお市の意を察して、すぐさま京都に逃げ込んだ。人知れず情報を集め、意図だけを的確に伝える、まさにスパイの所業である。

このお市の働きがなければ、織田家はここで潰《つい》えていた可能性が高い。長政との円満な夫婦生活もスパイとしての自分を隠すためだったのかもしれない……。

戦国の大虐殺の裏事情

# 比叡山延暦寺は焼き討ちされていない?

## 攻め入ったときにはもう廃れていた

織田信長の残虐性を表す逸話のひとつとして伝えられる比叡山《ひえいざん》焼き討ち。堂塔《どうとう》坊舎《ぼうしゃ》が燃やされ、3000人が虐殺されたといわれるが、現代になって「大規模な焼き討ちはなかった」という説が挙がっている。

1981年、滋賀県の教育委員会が行った調査によると、大規模な火事があったにしては焦土の跡や人骨などが見つからず、物的証拠は見つからなかったと発表されている。さらに、焼き討ちされる前年に残された記録によれば、当時の僧侶たちは堕落しており、堂塔も坊舎も荒れ果てていたという。

では、焼き討ちは本当にあったのか？〝神仏も恐れぬ信長〟という風評はどのようにして広まったのだろうか？

## 麓に住む生臭坊主たちを焼き討ち！

1571年、浅井・朝倉両氏をかくまっていた比叡山延暦寺に対し、業を煮やした信長は焼き討ちを開始する。前述したように、そのときの比叡山にはまともな僧侶がおらず、権威だけが残っていた。

そんな有様《ありさま》を見た信長は、比叡山の麓にある坂本という町の襲撃を決断。坂本は比叡山を下りた僧侶たちが仏教を盾に住民たちを牛耳《ぎゅうじ》っており、信長はそんな僧侶たちを虐殺し、建物に火をつけたのだ。信長としては歯向かう者は許さないという意を示す、見せしめの行為だったようだが、話が広まるにつれ尾ひれがついていったのである。つまり、焼き討ちはあったとしても定説より小規模なものだったのだ。

本能寺の変、真の黒幕は茶人!?

# 希代の茶人・千利休が信長暗殺の真犯人!?

## 残虐非道の魔王、許すまじ!

戦国期を代表する茶人・千利休《せんのりきゅう》。〝茶聖《ちゃせい》〟と称され、文化人として名高い一方、野心家としてもよく知られている。そんな彼が近年になって、本能寺の変の真の黒幕だったのではないかとささやかれ始めている。

信長からの信頼も厚かった利休がなぜ暗殺を企てたのか? それは彼が堺《さかい》の商家の生まれであったことに関係している。堺の商人衆は強引なやり方で町を牛耳ろうとする信長を以前から忌み嫌っており、その話は利休の耳にも入っていた。

利休も信長の残虐さには辟易《へきえき》しており、以前から機を窺《うかが》っていたのだ。

そして1582年6月、ついにそのチャンスがやってくる。

## 茶器でたぶらかし、陰から暗殺実行

信長のスキを突くために用意したのは、天下の三名器に数えられる茶器「楢《なら》柴《しば》」。熱心な茶器コレクターであった信長は、それを以前からどうしても手に入れたいと思っていた。そこで利休は「楢柴」の所有者である博多の豪商を呼び寄せ、本能寺で茶会を開くことを信長に提案したのだ。

信長はまんまと罠《わな》にハマり、本能寺で呑気《のんき》に茶会を開いてしまうのだった。

そして利休は連歌師《れんがし》の里村紹巴《さとむらじょうは》を通じ、明智光秀《あけちみつひで》に暗殺の実行を伝える。光秀は事件の前々日に連歌の会を催し、暗殺の企てを思わせる句を残している。そこには紹巴も同席していたという。

事件の11日後、山崎の戦いで光秀は憤死した。そのとき利休はどんな気持ちで茶器を眺めていたのだろうか…？

幻の軍師に実在説が急浮上

# 知将・山本勘助は実在したのか？

## 『甲陽軍鑑』が生んだ幻の軍師

隻眼《せきがん》の醜男《ぶおとこ》でありながら、武田信玄の下で軍略や築城術において人並みはずれた才を発揮した名軍師・山本勘助《やまもとかんすけ》。２００７年の大河ドラマ『風林火山』の主役だったこともあり、人々の認知度も高い。

ところがこの勘助、長らく創作上の人物として、実在が疑問視されてきた。というのも、勘助の存在が歴史書に記載されているのは、武田氏の合戦や軍法を記録した『甲陽軍鑑《こうようぐんかん》』という軍学書のみ。しかもこの書物は、内容のほとんどが後世の創作であることが判明し、その史料価値は極めて低いとされており、当然、勘助もまた架空の存在であるということが、歴史家の間では暗黙の了解になっていた。

## 実在を示す文書を発見！

ところが1969年、北海道の民家から武田信玄の書状が発見され、その中に書状の伝令役として「山本菅助」という人物名が明記されていたのである。伝令役とは決して下っ端の使者ではなく、トップシークレットを相手に直接伝える重職であった。

また、2007年には信玄が長谷《はせ》の名家・黒河内《くろこうち》家に宛てた文書が発見され、その中にも「山本勘助を大将にして、城攻めの準備をせよ」という伝令が残されている。仮に実在していても一兵卒にすぎなかったのではないかと思われていた勘助だったが、やはり武田軍の重要なポストに「山本勘助」という人物は実在していたことになるのである。

山崎の合戦での死は嘘《うそ》？

# 明智光秀は生き延びて天海僧正となった？

## 光秀は死んでいなかった？

明智光秀は本能寺の変で織田信長を討った後、山崎の合戦で羽柴秀吉《はしばひでよし》に敗れ、小栗栖《こぐるす》の地を敗走中に現地の住民に竹槍《たけやり》で襲われたために死亡したと伝えられている。いわゆる光秀の「三日天下」である。

ところが、光秀は3日どころかその後も生き延びていたという説は今も根強く残っている。江戸期に書かれた随筆『翁草《おきなぐさ》』には、このとき殺されたのは光秀の影武者であり、本人はそのまま美濃《みの》の美山《みやま》に逃げ、75歳まで生きたという説が紹介されている。また、山崎の合戦から京都の妙心寺《みょうしんじ》へ逃げ延びた光秀が自決しようとしたところ、寺の和尚が思いとどまらせたという逸話も残されている。

## 徳川政権に君臨した天海

それでは、生き延びた光秀はその後、どうしていたのか。一説によると、徳川政権において政治・宗教の最高顧問を務めた天海僧正《てんかいそうじょう》こそ、明智光秀なのではないかというのだ。

天海は、家康から家光までの徳川3代にわたって仕え、初期の幕府を支えた功労者だ。若くして比叡山へ入った天海は、1608年に家康と初めて出会い、彼の厚い信任を得る。家康の死後も秀忠《ひでただ》、家光《いえみつ》に対して圧倒的な影響力を誇り、日光東照宮《にっこうとうしょうぐう》の造営を主導。不思議な力を持ち、108歳まで生きたという。そんな天海が、明智光秀と同一人物であると噂《うわさ》されるようになった根拠は、果たしてどこにあるのか。

## 光秀＝天海を示す暗号

その手がかりは3代将軍・家光の乳母《うば》で、当時の江戸城内の権力を掌握していた、あの春日局《かすがのつぼね》にある。

春日局の父親は、光秀とともに本能寺の変を起こした斎藤利三《さいとうとしみつ》。一説には斎藤利三の母親は光秀の妹だったとされる。いずれにしろ、春日局と光秀の間には、斎藤利三を介して浅からぬ関係があるのである。

また、春日局が家光の乳母になった経緯は、もともと京の粟田口《あわたぐち》で乳母募集の高札を見たからだ、とも。粟田口とは、光秀の遺体が磔《はりつけ》にされたと伝えられる場所である。乳母募集の話は作り話だろうが、そこに何らかの因縁が感じられるではないか。

また、京都・慈眼寺《じがんじ》の釈迦《しゃか》堂には、光秀の木像と位牌が安置されているが、天海が亡くなったとき贈られた諡号《しごう》が何を隠そう「慈眼」。両者のただならぬ関係を、何者かが伝えようとしているかのようだ。

## 本能寺の変は家康との共謀？

こうした伝承が伝えられる背景には、光秀の出自が謎に包まれていることも関わっているだろう。

彼は、織田信長と足利義昭《よしあき》の仲を斡旋《あっせん》し、義昭を将軍職に擁立した功績で歴史上に初登場する。これがきっかけで光秀は信長の家臣となり、異例の速さで出世していくのだが、一方でそれ以前の経歴がまったくわかっていない。つまり、40歳までの前半世がまるで不明なのだ。戦国時代には、武将でありながら、僧侶になる者も少なくなかったから、光秀が仏門にゆかりのある人物だったとしても、おかしくはない。

いずれにしろ、光秀が天海となって家康の信任を得たとなると、本能寺の変の背景に、家康が大いに関わったのではないかという邪推も可能だ。信長に妻子を殺された家康には、十分な動機がある。光秀と家康の連携は、このとき生まれていたのかもしれない。

戦いを決めるのはいつの世も機動力

# 豊臣秀吉の行軍が超スピードだったわけ

## 柴田軍もビックリの機動力

織田信長の死を知った豊臣《とよとみ》秀吉が、3万もの兵を引き連れながら1日50キロという驚異的なスピードで行軍したとされる〝中国大返し〟。この速すぎるスピードには「信長の死を前もって知っていた」「秀吉本隊だけ先に行軍していた」などの理由が考えられているが、実は秀吉にはこれよりもさらに速いスピードで行軍した記録がある。

それは柴田勝家《しばたかついえ》と天下を争った賤ヶ岳《しずがたけ》の戦いでの出来事。このとき秀吉は1万

5000の兵を引き連れながら、52キロをわずか5時間で駆け抜けたのだ。時速にすると約10キロである。そのスピードの甲斐もあり、秀吉の登場を予想していなかった柴田軍は混乱状態に陥り、敗走することになった。

## 握り飯を頬張りながら走った!?

なぜ秀吉はこれほどまでのスピードを実現できたのだろうか？

それは、行軍に必要不可欠な兵糧・武器を道中で調達できるようにしたからだった。

秀吉はまず先発隊を賤ヶ岳に向けて出発させ、その道中の村に協力を要請した。恩賞と引き換えに兵糧・武器を準備するように命じたのだ。そして、本隊はろくに荷物も持たずに出発。

道中で村人たちから握り飯や松明《たいまつ》をもらい、休まず行軍した結果、恐るべきスピードで戦場まで到達したのだった。敵は織田家家臣時代にも鬼柴田と恐れられた勝家の軍勢である。このスピードがなければ勝敗はわからなかっただろう。

### 切腹させられた戦国時代の大茶人

# 千利休の切腹は陰謀だったのか!?

## 秀吉の怒りに触れた利休の行動

安土桃山時代の茶人・千利休。豊臣秀吉の側近として権威を誇っていた彼は、1591年2月に秀吉の勘気に触れ追放。そして切腹を命じられる。

なぜ、茶人の利休が切腹しなくてはならなかったのか。

利休が自分の娘を秀吉の側室に出さなかったこと、大徳寺《だいとくじ》山門（金毛閣《きんもうかく》）改修にあたって慢心があったことなどが理由として考えられてきたが、近年になって、新たな説が浮上してきた。利休の切腹の裏には、ある有力武士の陰謀が隠されていたというのだ！

## 利休にライバルを燃やす武将

利休は織田信長の時代から茶頭《さどう》として仕え、秀吉にも重用された。次第に彼は茶人としての立場を超え、諸大名と秀吉との間を取り持つ役目も果たすこととなる。当時、利休と同等の役目を担っていた人物はほかにふたり。秀吉の弟・羽柴秀長《ひでなが》、そして石田三成《いしだみつなり》である。三成は政治とは本来関係ない茶人の利休が同じ立場にいることをよく思っていなかった。しかし、利休が秀吉の側近だったため我慢せざるを得なかったのだ。

だが、間を取り持っていた秀長の死により、何とか成り立っていた利休と三成の関係も崩壊。三成は利休と仲の良かった秀長の死を機会に利休を追い落としたのである。利休は権力争いに必死になる石田三成によって秀吉の勘気に触れるように仕組まれ、切腹を余儀なくされた。彼の死は謎に包まれたままだが、無念な死を遂げたことに変わりはない。

敗軍の将に余生があった？

# 石田三成は関ヶ原後も生き延びていた？

## 各地に残る三成生存説

関ヶ原の戦いに敗れた西軍の総大将・石田三成は、京都の六条河原《ろくじょうかわら》で斬首されたとなっている。

ところが、このとき処刑されたのは影武者であり、本当の三成は佐竹義宣《さたけよしのぶ》にかくまわれて秋田に逃れたという説がある。三成は、八幡村《やはたむら》にある帰命寺《きみょうじ》という寺に「知恩院《ちおんいん》から招いた名僧」として住まい、彼を慕う石田軍の残党がひっそりとかの寺を訪れ続けていたとか。

その話は自然と幕府の耳にも及び、佐竹家は噂をかき消すために、帰命寺の主僧は入寂《にゅうじゃく》した（亡くなった）と吹聴するのに努めたそうだ。また別の説では、徳川家康の密命によって榊原康政《さかきばらやすまさ》の館林城《たてばやしじょう》にかくまわれていたとの語り伝えもある。

## 判官びいきは日本人の特質？

さらに、三成自身は処刑されたが、その遺児が各地で生存していたという伝承も諸説ある。たとえば、三成の次男・重成《しげなり》は、関ヶ原敗戦後に大坂城を脱して生き延び、杉山源吾《すぎやまげんご》と改名して津軽家に庇護《ひご》されていた。

また、重成とは別に次女の存在も伝えられており、彼女の孫娘（三成の曾孫《そうそん》にあたる）お振《ふり》の方は徳川3代将軍・家光の側室となったとも。お振の方は家光との間に女児・千代姫《ちよひめ》をもうけ、三成のDNAは徳川家に入ったとされている。

かように三成生存説などが都市伝説のように唱え続けられているのは、敗者に同情する日本人の「判官びいき」の心情によるところが大きいと考えられる。

## 〝化けて〟天下を摑《つか》んだ狸親父

# 徳川家康は自身の系図を書き換えた!?

### したたかさは若い頃から

その腹黒さとしたたかさから狸親父《たぬきおやじ》との異名を持つ徳川家康。表面上では〝化けて〟周囲の目を欺きつつ、内心では虎視眈々《こしたんたん》と逆転を狙う。そんな家康のイメージは老獪《ろうかい》さが身についた晩年からのものだと考えられているが、実は若い頃にも自らの経歴を覆し、大きく〝化けた〟ことがあった。家康は三河《みかわ》の土豪の生まれであり、祖先についてはいまいちはっきりしない。

だが、彼は源氏の血筋でなければ就任できない征夷大将軍《せいいたいしょうぐん》に就任している。なぜ、そんなことが可能だったのか？　それは家康が若い頃に自分の系図を書き換えていたからだった！

## 官位を得るため、源氏の氏族に変身

1566年、三河統一を成し遂げた家康は織田信長との同盟を背景に戦国大名への道を歩み出していた。その年の暮れに家康は従五位の下《じゅうごいのげ》・三河守《みかわのかみ》への官位認定と、松平から徳川への改称を申請した。だが、正親町《おおぎまち》天皇は「先例がないため公家にはできない」とこれを拒否。そこで家康は浄土宗の僧侶を通じて、関白の近衛前久《このえさきひさ》に協力を仰ぐことに。

すると、近衛家の家来であった京都吉田神社の神主が先例として利用できる古い記録を発見した。それは、源氏の新田《にった》氏系の得川《とくがわ》氏の流れで藤原氏になった家があったということだった。神主がその場で書き写したものを、前久が清書し、朝廷に提出したところ天皇の許可が下ったという。

鳴くまで待てないホトトギス

# ホトトギスの歌は嘘？家康は待つのが嫌い!?

## 忍耐のイメージとはかけ離れた若年期

天下統一を成し遂げた三英傑について歌ったホトトギスの歌は、誰しも一度は聞いたことがあるだろう。その中で「鳴くまで待とう」と歌われた徳川家康。歌の通りに忍耐強い人物というイメージがある彼だが、実は待つのが嫌いで強情な性格だったのではないかと考えられるエピソードがいくつも存在する。

たとえばそれは、織田・徳川連合軍が武田軍と戦った三方ヶ原《みかたがはら》の戦い。西上してきた武田軍に対し、家康は野戦か籠城戦かというふたつの選択を迫られた。

イメージ通りであれば籠城して機を窺うのだろうが、家康は兵力差を省みず出撃。相手は精強さで知られる武田軍。家康はものの見事に惨敗を喫し、城まで逃げ帰ることとなる。しかも逃げる道中、馬上でウンコをもらしてしまっている。とことん待てない御人である。

## こっちからは決して動きません

また戦国大名として関東を統治するようになってからも家康はその強情っぷりを見せつけている。天下を統一した豊臣秀吉はなかなか服従の色を見せない家康に何度も上洛《じょうらく》を命じるが、一切応じようとしなかった。

秀吉が母を人質として差し出したのを見て、家康はやっと重い腰を上げるのだが、これも形式上だけの服従であり、腹の中では虎視眈々と天下を狙っていたとされる。家康にとっての忍耐とは、耐え忍んで待つことではなく、一歩も退かず、動かず、相手をこちらのペースに引き込むテクニックだったのだ。

天下の家康に歯向かった直江兼続

# 家康を激怒させた直江状は実在しない？

## 家康の上洛命令を拒否

直江兼続《なおえかねつぐ》にはさまざまな逸話が残っているが、中でも国内の最大勢力だった徳川家康を激怒させた「直江状」のエピソードは、兼続を語る上で欠かせないものとなっている。

秀吉の死後、家康は親豊臣派を取り込むなどして影響力を強化していった。これに憤慨したのが上杉謙信《うえすぎけんしん》の息子・景勝《かげかつ》。彼は家康に対抗して軍備を増強し、これに伴い部下である兼続も家康に対抗する姿勢を見せるようになっていたのだ。

兼続の動きを封じたい家康は景勝らの行動を非難すると同時に上洛を求めるが、兼続は拒否。その後、家康は会津征伐を開始するのだが、そのきっかけとなったのが「直江状」である。兼続は家康に「武器を集めるのは茶碗を集めるようなもの」「上杉を疑う徳川にこそ企《たくらみ》があるのでは」と挑発的な返答で切り返し、家康を大いに怒らせたという。

## 現存する「直江状」は後世の写し？

ただ、この書状は東京大学附属図書館などに保存されているものの原本は残っていない。そのためこの出来事は実在しなかったのではとさえ疑われている。

実際、兼続が活躍した戦国から江戸の時代は偽書や怪文書が飛び交っており、信憑性には欠けると言わざるを得ない。だが、家康の家臣の日記にも上杉家から書簡が送られ、それに家康が激怒したことは事実として記されている。「直江状」自体の真偽は疑惑が残るが、兼続の度胸が並大抵でなかったことは確かなようだ。

毛利家を支えた元就の孫の活躍

# 毛利家〝三矢の訓〟は3本ではなかった!?

## 元就が後世に残した教訓状

毛利元就《もうりもとなり》が臨終間際に残した〝三矢《さんし》の訓《おしえ》〟。これは元就が3人の息子の絆を3本の矢に見立てたもので、今も有名な逸話として語り継がれている。だが、実はこの話には大きな矛盾が存在し、元就が亡くなった1571年、長男・隆元《たかもと》はすでに死亡していたのだ。

元就は59歳のときに教訓状を与えたことがあり、その中に「3人の仲が悪くなれば毛利家は滅亡する」という文章が書かれており、その教訓状が後年に脚色され〝三矢の訓〟になったといわれている。

## 秀吉を救った4本目の矢・秀元

そんな元就は男女12人ずつの子をもうけており、そのうちの四男・元清《もときよ》の子である秀元《ひでもと》は〝毛利4本目の矢〟と言えるほどの功績を残している。実は秀元は豊臣秀吉の命を救ったことがあるのだ。

文禄《ぶんろく》の役で名護屋《なごや》に出陣していた秀吉が京都に戻る途中、船が突然衝突事故を起こす。秀吉は海へ投げ出されるが、それを助けたのが秀元だった。

その頃、秀吉は本能寺の変で和平を結んだままの毛利氏をいつか攻め落とそうと考えていたが、その一族に命を救われ、考えを改めるようになった。もし、この一連の出来事がなければ、秀吉が死んでいたか、毛利家は豊臣家に潰《つぶ》されていたことだろう。毛利家に伝わる〝三矢の訓〟。まるで毛利家を支えたのは3人の息子、と思われがちだが、孫である秀元の活躍があったことを忘れてはならない。

あなたの知らない日本史の大常識

# 第四章

# 江戸

よってたかって撲殺《ぼくさつ》された佐々木小次郎

# 武蔵と小次郎は本当に闘ったのか？

## 佐々木小次郎は架空の人物？

1612年4月13日、山口県・巌流島《がんりゅうじま》で宮本武蔵《みやもとむさし》と佐々木小次郎《ささきこじろう》は対峙《たいじ》した。だが、この決闘は存在自体が疑問視されており、小次郎の素性《すじょう》も定かではない。

伝記『二天記《にてんき》』によると、小次郎は中条流の使い手・富田勢源《とみたせいげん》の弟子だったという。当時、多くの兵法家は「扱いやすい」という理由で2尺3寸ほどの刀を使ったのだが、小次郎は一般的な刀より長い3尺ほどの大太刀を用いた。通称、「物干竿《ものほしざお》」だ。

かの有名な巌流島での決闘についてだが、実際問題として信用できる史料からその有無を確認することはできない。しかも、その経緯については諸説あるのだ。

## 「巌流島の決闘」の別伝とは……

一対一の真剣勝負で行われたというこの決闘だが、驚くなかれ、武蔵はその約束を破って弟子を数人連れてきたという説がある。決闘自体は一対一で行われ、小次郎が敗北。気絶した彼を、何と岩陰に潜んでいた武蔵の弟子たちが大勢で打ち殺したというのだ。

また決闘時の小次郎の歳は『二天記』に18だと記されているが、彼が生前の勢源と出会うには決闘時に最低でも50歳以上、直弟子であればさらに上としか考えられない。一説には70歳を超えていたとも……。

一対一の真剣勝負という条件を守った小次郎とそれを破った武蔵……それが事実ならば、当時の人々が小次郎に同情的だったというのも納得できる話である。

危うく堕胎されるところだった⁉

# 邪魔者扱いされていた水戸黄門こと水戸光圀

## 無責任な父親・頼房

テレビドラマ『水戸黄門』で知られる、歴史的有名人物・徳川光圀《とくがわみつくに》。彼は１６２８年６月10日、水戸城下の三木之次《みきゆきつぐ》の屋敷に生まれた。

生みの母は水戸家の祖である頼房《よりふさ》の側室・久子。だが、久子が光圀を身ごもったとき、実は父親である頼房はまったく祝福しなかったという。祝福しないどころか、頼房は父親の立場でありながら「すぐに水子《みずこ》に致せ」と久子に堕胎《だたい》を命じたとか。とんだろくでなしだ。

## 改易の嵐が吹き荒れる厳しい時代

頼房が久子の懐妊を喜ばなかったのには、水戸家の立場が深く関係していた。当時、世間では譜代《ふだい》も外様《とざま》も関係なしに改易《かいえき》が相次いでいた。そんな中、御三家の中でも一番末に位置していた水戸家が兄たちより先に子供を授かることは許されることではなかった。ところが、頼房の一番恐れていた事態、つまり兄たちよりも先に、さらには将軍・家光よりも先に子供をもうけてしまったのである。

頼房に見放された久子は、主命に背《そむ》いて密かに出産。その後、兄らが子供をもうけたことで堂々と子を持つことができるようになった頼房。いざ、自分の子供の数を確認してみると、なんと頼房には7人もの息子がいることが発覚したとか。

だが、男児がひとりもいない兄たちを気遣い、頼房は長男・頼重《よりしげ》を庶長子《しょちょうし》とし、光圀を長子として登録、水戸藩は必然的に光圀が受け継ぐことになったという。

## 日本一のソープランド街

# 吉原遊廓ができたのは街作り効率化のため!?

### 男であふれ返っていた江戸の町

江戸で唯一の遊廓《ゆうかく》・吉原。遊女たちはなぜ吉原というひとつの街に集まっていたのだろうか。

1590年、秀吉による小田原攻めで、長年にわたって繁栄していた北条《ほうじょう》氏が滅亡。徳川家康が江戸に入府して江戸幕府を開いた。それに伴い江戸では本格的な町作り・城作りが始まり、人口が爆発。たちまち「武士の都」へと発展していった。また、商家の奉公人もほとんどが男だったことから、江戸という街は圧倒的な男社会だったといえる。そんな男だらけの世界で、彼らの性的欲求を発散させようと私娼《ししょう》たちが集まったのが遊女屋のはじまりである。

## 遊女を取り締まるための吉原遊廓？

しかし、幕府は〝都市開発〟の真っ最中。そのため庶民が強制的に住居を移転させられることも多く、遊女屋もその対象となることが多かった。

そのようなことが度々繰り返されていたため、遊女屋を営む庄司甚右衛門《しょうじじんえもん》は、遊女屋がもう移転しなくてもいいようにと遊廓の設置を求めたのだ。

ちょうどその頃、幕府は町中に散らばっていた私娼の取り締まりに頭を抱えていたためこれを機に彼女たちを1カ所に集め、娼婦の活動を公に許可して公娼として働かせることにする。

結果、幕府は彼らの陳情を受け入れ、〝ヨシ〟が茂っている町の一角を埋め立てて〝葭原《よしはら》〟と名づけ、遊廓を設置したのである。こうして吉原は幕府公認の下、遊廓として栄えることとなったのだ。

次々と話は大袈裟《おおげさ》となっていき……

# 江戸の名裁判官伝説 大岡裁きは作り話!?

## 江戸時代から語り継がれる大岡政談

時代劇ファンにも高い人気を誇る名奉行、名裁判官として知られる大岡越前守《おおおかえちぜんのかみ》忠相《ただすけ》。大岡の人情味あふれる見事な裁きは評判を呼び、それらは後世に〝大岡政談〟あるいは〝大岡裁き〟として伝えられている。

彼が裁いたとされる事件は「白子屋《しらこや》お熊」「しばられ地蔵」「三方一両損」など数知れず。しかし、それらのほとんどが後世に何者かによって作り上げられた話であるというのだ。

実は元文《げんぶん》年間を過ぎて間もなく、大岡の名奉行ぶりを「大岡仁政談《じんせいだん》」として庶民に広めた人物がいた。講釈師の森川馬谷《もりかわばこく》である。

## はじまりは講釈師の読み聞かせ

彼は講釈師として脚色を加えながら庶民に大岡の名奉行ぶりを読み聞かせたところ、明るい気性の江戸っ子たちに大ウケ！

この噂を聞きつけた作家たちは次々と大岡政談を創り出しては競い合うようにより面白い話へと変えていったという。中には、ほかの裁判話を大岡の話に書き換えたり、中国の小説の内容を取り入れたりすることもあったとか。

事実、大岡政談のひとつ「しばられ地蔵」は中国の〝包公案《ほうこうあん》〟に、「実母継母《じつぼけいぼ》の子供話」は〝棠陰比事《とういんひじ》〟という中国の本に載っているものそっくりだ。だが、これほどまでにも大岡が過大評価されるようになったのは、彼にそれだけの人徳があった証拠だろう。彼に庶民を魅了させる〝華〟があったことは間違いなさそうだ。

### 日本史上最大の大火災!!

# 〝明暦の大火〟は老中家の失火が原因!?

**大火災の原因は放火？　それとも失火？**

1657年、江戸で大火災が発生した。のちに〝明暦《めいれき》の江戸大火《たいか》〟と呼ばれるこの火災は、本妙寺《ほんみょうじ》をはじめ3カ所で断続的に発生。町は焼け野が原へと変わり果て、何万という命が奪われた。

だが、火災の真相は300年以上経過した今でも明らかになっていない。出火原因についてはさまざまな説が取り沙汰されてきた。たとえばこんな説がある。「亡くなった娘の振袖《ふりそで》を供養しようと本妙寺の和尚が火に投げ込んだところ、振袖が本堂に入り込んで大火災へ発展した」という本妙寺失火説。また、「幕府が江戸の都市計画をスムーズに進めるために、邪魔な建造物を故意に〝焼き払った〟」という幕府放火説などだ。

## 本妙寺は濡《ぬ》れ衣を着せられた？

そして最近、新たに浮上したのが老中・阿部忠秋《あべただあき》による失火説だ。

阿部は火災が起きてから毎年本妙寺に〝大火の供養料〟として米10俵を送っていた。供養のための回向院《えこういん》がすでに建てられたのに、だ。これはいかにも怪しい。

阿部家は本妙寺の近くにあった。もし老中である阿部が失火したとなれば、幕府の名誉・信用はガタ落ちだ。そこで本妙寺が身代わりを引き受け、その罪を償う意味で阿部は本妙寺に米を送り続けた……というわけだ。江戸の町を一変させ、歴史をも揺るがした明暦の大火。これが幕府の失態によるものだとは、当時の人々には思いもよらなかったに違いない。

すべての句はカモフラージュだった?

# 松尾芭蕉の正体は忍者だった!

## 忍者の里・伊賀上野出身の俳人

今や定説となりつつある「芭蕉＝忍者」説。俳諧師《はいかいし》・松尾芭蕉《まつおばしょう》、実は忍者だったというものだ。

芭蕉の生まれは「忍者の里」伊賀上野で、父・松尾与左衛門《まつおよざえもん》の旧姓は伊賀忍者の血を引く柘植《つげ》氏、母もまた伊賀忍者の名家・百地《ももち》氏の一族であった。ちなみに当時、姓を名乗れるのは武士と一部豪農のみ。ただの農民なら芭蕉は姓を名乗れないが、伊賀の忍者は農民でも姓を名乗ることが許されていたのだ。

「芭蕉＝忍者説」を裏づけるもっとも大きな根拠が、彼の旅日記『奥の細道』にある。彼の移動スピードに注目しよう。総移動距離は約２４００キロで、彼は約１５０日で移動している。計算すると、実に１日平均15キロを徒歩で歩き続けたことになるのだ。彼がこの頃46歳だったことを考えれば、その数字がいかに超人的であるかが窺えるだろう。

## 『奥の細道』に見られる矛盾点

また、旅の日程も異様だ。というのも、出発前に彼が「松島の月まづ心にかかりて」と詠んでいた日本三大名所・松島を素通りして、仙台藩の重要拠点である石巻《いしのまき》港や瑞巌寺《ずいがんじ》を見に行っているのだ。

仙台藩は外様の中でも特に強大な勢力を誇っており、幕府が警戒を続けていた雄藩。幕府は、創作活動を名目として芭蕉を仙台藩の偵察に行かせたのではないか。偵察であることを隠すため、カモフラージュとして書かれた紀行文こそ『奥の細道』だったのかもしれない。

### 赤穂四十七士とはいわれるものの……

# 実は赤穂浪士は46人しかいなかった!?

## 常識とされてきた四十七士説

1702年、赤穂浪士《あこうろうし》が江戸本所松坂町《ほんじょまつざかちょう》にある吉良邸に討ち入り、主君に代わって吉良上野介《きらこうずけのすけ》を討ち果たしたのちに、幕命によって切腹した〝元禄《げんろく》赤穂事件〟。それに加わった赤穂浪士は小説や芝居などで〝赤穂四十七士〟として取り上げられ、47人なのが当たり前とされてきた。だが実のところ人数は明確ではなく、四十六士説も存在するのだ。

そもそも四十七士説は人形浄瑠璃《じょうるり》などで代表的演目となっている「仮名手本忠《かなでほんちゅう》

臣蔵《しんぐら》」がもとになっている。しかし、この中の47という数は〝いろは仮名〟の47文字に掛けたもので、実際に事件に四十七人が関わっていたから……というわけではなさそうだ。

## キーマンは寺坂吉右衛門という男

ふたつの説のどちらが正しいかの謎を解くカギは、赤穂浪士のひとり・寺坂吉《てらさかきち》右衛門《えもん》という人物が握っていた。彼が討ち入りに加わっていれば47名になるのだが、事件のあと幕命によって切腹させられた人数は46名。

これは吉右衛門ひとりだけが切腹させられていないからだ。ここが両説の分岐点になる。

これについては、これまでにさまざまな意見がとり沙汰されてきた。吉右衛門は討ち入り直前に逃亡したという説、討ち入り直後に上司からの密命で主君の未亡人の元に報告に走ったという説、直前に義士から外されたという説……しかしどれが正しいかはわかっていない。真相はいまだ藪《やぶ》の中である。

引越しと旅行はカモフラージュ?

# 93回もの転居の裏に隠された北斎の密命

## 異常な転居マニアだった北斎

葛飾北斎《かつしかほくさい》といえば、江戸時代の化政文化を代表する浮世絵師である。『富嶽《ふがく》三十六景』をはじめとする作品群は、現代の私たちにとっても馴染《なじ》み深く、遠く海を越えてゴッホら後期印象派の画家たちにも影響を与えた。

そんな彼が希代の「引越しおじさん」だったことは意外と知られていない。といっても隣家に「さっさと引越し!」と迫っていたわけではなく、自ら引越しを繰り返していたのだ。その回数、生涯で実に93回!

それに加えて、彼は極度の旅行好きとしても知られている。北は甲信地方から南は九州まで、1806~1845年の間に9回も長期旅行に出かけているが、当時の人としては異常な回数だ。

## 対外政策と北斎の奇妙なリンク

このことから、北斎は幕府の隠密《おんみつ》だったのではないかという説がある。最初にこの説が発表されたのは、作家・高橋克彦《たかはしかつひこ》氏の小説『北斎殺人事件』だが、あながち創作とも言い切れないものがある。異常なまでの転居と旅行の回数はその傍証として十分だろう。

さらに、1813年に英国船が長崎に入港、翌年琉球《りゅうきゅう》に寄港すると、北斎は1832年に『琉球八景』という作品を発表する。また、1820年には幕府が相模湾岸《さがみわんがん》警備を命じているが、北斎もまた1830年代に2度、相模へ旅に出ている。こうした点からも、北斎が隠密として各地の情報収集をしていた可能性を、決して荒唐無稽と否定することはできないのだ。

あなたの知らない日本史の大常識

# 第五章

# 幕末

明治維新を成し遂げた天下の策士

# 西郷隆盛は島津斉彬の隠密だった！

**うちの人とは違うと銅像に向かって言った妻のいと**

「アラヨウ、宿んしはこげんなお人じゃなかったこてえ！」

上野公園に西郷隆盛像《さいごうたかもり》ができたとき、西郷の妻いとは驚きながらこう言葉を発した。「あらまあ、うちの人はこんなひとではなかったわ！」という意味である。この言葉を聞いた隆盛の弟、西郷従道《じゅうどう》は即座にその言葉を否定した。その後、なぜ、いとはこの言葉を発したのか、その意味を誰にも話していない。

西郷隆盛の本当の姿を写した写真は実在しない。極度の写真嫌いで、写真撮影を良《よ》しとしなかった。そのため、上野公園にある西郷像も、鹿児島市の城山《しろやま》のふもとにある西郷隆盛の銅像も、西郷の本当の姿とは違っていると言われている。

## 島津斉彬のお庭番であった西郷

この銅像と同じく、西郷隆盛の実像はあまり知られていない。実直で豪傑なイメージの西郷だが、若いときは島津斉彬《なりあきら》のお庭番《にわばん》としてお側《そば》に仕えていた。お庭番とは、将軍や大名の身辺警護を行い、将軍や大名の命を受けて情報収集を行う密偵であり隠密《おんみつ》である。

西郷は幼いときに右肩を切りつけられて骨折し、その後は右腕がうまく曲がらなくなったため剣術は不得意で、島津斉彬の警護を務めることはできない。どちらかというと、巨体に似合わず文官の才能の方が勝っていた。

隆盛が一番活躍したのが密偵・隠密の役目である。密偵・隠密と言っても服部《はっとり》半蔵《はんぞう》のような忍者ではなく、どちらかというと、いまでいう大使館の書記官のような存在だった。各藩の要人に会って情報収集し策謀をめぐらす。

その最もたる成果が、後の薩長秘密同盟《さっちょうひみつどうめい》であった。

それまで薩摩《さつま》藩は会津《あいづ》藩と共に江戸幕府側であり、長州《ちょうしゅう》藩とは敵対していた。そして、蛤御門《はまぐりごもん》の変（禁門《きんもん》の変）では江戸幕府側で薩摩藩を率いて長州藩を徹底的に叩《たた》きのめしたのが西郷隆盛である。西郷は第一次長州征伐《せいばつ》でも江戸幕府軍を率いている。

しかし、その後、薩摩藩は反幕府に大きく転換し長州藩と同盟を結び、それが後の明治維新につながっていく。幕府と会津藩を完全に裏切ったのだ。その薩長同盟を結んだのも西郷隆盛である。まさに策士と言える。

その後、幕府による大政奉還《たいせいほうかん》で、平和裏に政権が天皇に移るのを良しとしなかった西郷は、幕府側が戦争をしたくなるよう、江戸で騒動を起こさせている。

さらに、江戸城無血開城を勝海舟《かつかいしゅう》と共に成し遂げたのが西郷だが、一方で戊辰《ぼしん》戦争を起こし、上野戦争では幕府側の彰義隊《しょうぎたい》を殲滅《せんめつ》し、会津藩を含む奥羽越列藩同盟を叩きのめしている。これが、西郷の真の姿であり、島津斉彬のお庭番として隠密活動をしていた下地があってこそできた芸当なのだ。

ちなみに、幕末の四大人斬りに数えられる「人斬り半次郎」こと中村半次郎《なかむらはんじろう》を使っていたのも西郷だ。中村半次郎の本名は桐野利秋《きりのとしあき》であり西南戦争では西郷と共に戦死している。この半次郎に人斬りを命じていたのも西郷だと思われる。

## 士族の者たちと共に死んでいった西郷

西郷は晩年、征韓論《せいかんろん》で政府を下野《げや》し、西南戦争《せいなんせんそう》で政府軍に敗れ城山で自害する。最期は共に戦ってきた別府晋介《べっぷしんすけ》に介錯《かいしゃく》を頼んだ。

「晋どん、晋どん、もう、このへんでよか」がその言葉だった。

非常に頭の切れる人物であった西郷。頭が切れるからこそ、さまざまな謀略を策し、明治維新を成し遂げることができた。しかし、その策謀はいったい何のためだったのか。決して己のためではなく、当初は藩主・島津斉彬のためであり、その後は、新しい時代を作るためのものであった。

そして、それが達成されたのちは、西郷には自らの生きる道はなくなり、多くの行き場を失った士族《しぞく》と共に死んで行ったのだ。

薩摩藩と長州藩の和解・薩長同盟の真実

# 薩長同盟のはじまりは単なる口約束だった!?

## 薩長反目から和解へ

坂本龍馬《さかもとりょうま》が西郷隆盛《さいごうたかもり》に会ってから2年あまり、政局は激しく動いていた。攘夷《じょうい》を藩論とする長州藩は、1864年、池田屋事件を契機に京都に攻めのぼったが、薩摩・会津《あいづ》両軍に敗れて退く（禁門の変）。これに対し幕府は、長州征伐の命を下し、列国もこれに加わった（四国連合艦隊下関砲撃事件）。これを受け、長州藩のリーダー・桂小五郎《かつらこごろう》は攘夷の不可能を悟る。

一方、薩英戦争で疲弊していた薩摩の新リーダー・西郷も、幕府の無益な征長戦の弊害を漏らしていたのだ。そんな西郷に藩内志士たちは、当時土佐藩を脱藩していた中岡慎太郎《なかおかしんたろう》らを紹介。それまで薩摩の庇護《ひご》下にあって江戸や大坂を奔走していた龍馬も加わり、薩長和解工作が動き出したのだ。

あくまで仲たがいしていた両藩の和解が目標だったはずが、龍馬が要路の人物と接触していく中で膨れ上がり、同盟が結ばれる。

## 手紙で龍馬に確認した桂

1866年1月21日、桂と西郷、そして龍馬が会して結ばれた薩長同盟。その仔細《しさい》は、桂が龍馬に宛てて送った私信という形で現在に伝えられる。つまり、同日に話された決め事はあくまで口約束であり、細心な桂が翌日、龍馬に宛てて内容の確認を依頼したのだ。

その内容は、幕府の長州征伐の勅許を念頭に置き、「開戦となったら薩摩藩は3000の兵で京坂地方を固める」「長州藩が勝利を収める形勢になったら、薩摩藩は朝廷に長州の赦免を働きかける」「万一長州藩が敗色濃厚となっても、武器の調達と朝廷への工作を続ける」「幕府が戦いを仕掛けなかった場合でも、薩摩は朝廷へ長州藩の赦免を申請すること」と、全6条中4条が長州側の要求である。これは、桂が龍馬に確認を求めた文書であるがゆえと見るべきであろう。

## 結果として倒幕への軍事同盟へ

幕府と対立していた長州藩、開国進取に転じた薩摩藩、内憂外慮の時代に両藩が結ぶ利を長い時間をかけて説いた龍馬。

長州藩と龍馬の強い願いが、当初の目的であった「和解」を通り越して拘束力の弱い「盟約」へとなった。そして幕府の第二次長州征伐を受けて具現化され、最終的に「同盟」になったのである。

実際に薩摩は、幕府の長州征伐の際に、3000の兵を出した。玉虫色だった「盟約」は明確な軍事同盟になり、この同盟が倒幕への原動力になっていったのである。

あなたの知らない
日本史の大常識

『お～い！竜馬』の描写は本当か？

# 謎の空白時期に龍馬は密航で上海へ!?

## 密旨を受けて上海渡航か？

アニメ化もされた漫画『お～い！竜馬』では、脱藩後に坂本龍馬は上海《しゃんはい》に行ったという設定になっている。しかし、現在確認されている龍馬自筆の手紙などでは、そのことに直接触れているものなどはなく、史料的な裏付けはされていない。長府《ちょうふ》藩（長州藩の支藩）が明治に制作した史料の中でのみ確認できるのだ。

興味深い記述があるのは、『旧臣列伝』中の同藩藩士「福原和勝《ふくばらかずかつ》」の項目だ。そこには1867年「藩主（毛利元周《もうりもとちか》）の密旨を受け、土佐の坂本龍馬と共に清国上海に渡航し、外国の情況を探討す」とある。

## 上海で植民地の悲惨さを知る

しかし本当にこの時期に上海に渡ることができたのだろうか？　1867年で龍馬の行動に空白があるのは、4月1日から4月中旬までの病気療養をしていたとされる期間。その頃は、亀山社中から海援隊への移行時期にあたる。2度目の脱藩罪が許された頃だから、時期的には符合している。

実際、維新に活躍した人の中には、上海渡航を経験した者は数名いる。1862年には長州藩の高杉晋作《たかすぎしんさく》や薩摩藩士・五代友厚《ごだいともあつ》が渡り、アヘン戦争後、列強の植民地となった敗戦国のみじめさを痛感している。龍馬もそうした中のひとりだった可能性はある。

密航だから確かな記録は残らなくてもおかしくない。それらの点から、上海渡航説は十分現実的な説だろう。

## 船中八策の原点を作った横井小楠とは？

# 船中八策を龍馬より先に唱えた人物がいた！

### 勝海舟と横井小楠により目を開かれる

もともと坂本龍馬は、ごく一般的な尊王攘夷《そんのうじょうい》思想を抱いていたにすぎなかった。それが熊本藩士の横井小楠《よこいしょうなん》と出会い、眼《め》を見開かされることになる。龍馬の師・勝海舟《かつかいしゅう》は西郷隆盛と横井の名を挙げて、「おれは今までに天下で恐ろしいものを2人みた」と言い残している。

勝と横井の交流は深く、実際に龍馬は勝の使者として横井を何度も訪ねている。そこで、龍馬は横井に大きく影響を受けたのである。

## 船中八策の原点、国是七条とは？

熊本藩士にして越前《えちぜん》藩主・松平慶永《まつだいらよしなが》に招かれ、政治顧問になった横井は1860年「国是《こくぜ》三論」を著し、諸外国の侵略に備えて海軍の振興による強兵、開国に伴う対外貿易による富国などを唱えている。

また、1862年にはさらに前進した「国是七条」を建白している。「国是七条」はその冒頭で、将軍が上洛して朝廷に無礼を詫《わ》び、尊王の姿勢を明確にせよ、とある。そして参勤交代の中止と、諸侯の妻子の帰国を求めている。

これは幕府の権威を否定しているといってよいだろう。さらに、人材の発掘登用と彼らによる公議政治の実現を述べ、海軍の振興と国際貿易の必要性を説いている。その上で、徳川家を含む諸藩連合による新国家体制樹立を主張しているのだ。

これは船中八策および大政奉還に限りなく近い。まさに船中八策の原点といってよいだろう。

フィクサー岩倉具視の権謀術数《けんぼうじゅっすう》

# 「討幕の密勅」はニセモノだった!?

## 討幕の密勅に見られる疑問点

「討幕の密勅」は1867年10月13日に薩摩藩、14日には長州藩へ下された。内容は「賊臣・慶喜《よしのぶ》を討伐せよ」というもの。いずれも中山忠能《なかやまただやす》、正親町三条実愛《おおぎまちさんじょうさねなる》、中御門経之《なかみかどつねゆき》の3名の署名があった。

しかし、この密勅にはいくつかの疑問点がある。

まず密勅の渡し方。薩長それぞれの藩士である大久保利通《おおくぼとしみち》と広沢兵助《ひろさわひょうすけ》が正親町三条の屋敷を訪れ、そこで直接手渡されているのだが、この形式は極めて異例。

たとえ密勅とはいえ詔書が一公家《くげ》の私邸で渡されることは、普通あり得ないという。

## 偽勅を支持した人物は誰なのか⁉

疑問点はまだある。この密勅には天皇の直筆はおろか、勅旨伝宣の奏者として連名している中山忠能らの花押《かおう》（署名の下に書かれる記号）も添えられていないのだ。通常、花押は本人が書くのが当然で、それがないのは明らかに不自然。しかも、3名の署名の筆跡はまったく同じだという。

これらの疑問点から、この密勅は宮中の倒幕急進派が天皇の許可を得ることなく「討幕の密勅」を起草し、両藩に渡したものだと考えられる。

そしてこの偽勅《ぎちょく》を支持した人物こそ、かの岩倉具視《いわくらともみ》だ。岩倉は当時、薩摩藩士・西郷隆盛と結び武力による政権奪取を唱えていた倒幕派の中心人物。強引な手を使ってでも慶喜を討とうとした……と考えるのは、決して突飛ではない。

逃げ込んだ長州藩に利用された志士たち

# 脱藩後の中岡慎太郎は長州のスパイだった!?

## 長州藩へ集まる尊王攘夷派

1863年8月18日の政変以降、全国の諸大名が自藩の尊王攘夷志士を弾圧し始めたのに対し、長州藩だけは尊王攘夷を唱え続けた。そのため、自藩を追われた志士たちは長州藩を目指すこととなった。

中岡慎太郎もそのひとり。彼は土佐藩を脱藩し、長州藩に逃れてきた。すると中岡を受け入れた長州藩は、彼を京都などの各地に情勢探索、つまりはスパイ活動をさせるために潜伏させたのである。中岡はまず、1864年1月に京都へ渡る。そこで高杉晋作と出会い、島津久光《しまづひさみつ》暗殺を画策するが果たせずに5月に長州藩へ帰藩。

そして6月にふたたび京都へ戻る。7月に入ると「禁門の変」が起こり、彼は脱藩志士らのまとめ役となって戦うが、敗れてまたも長州藩へ。8月にもまた京都へ向かい、10月に帰藩。すぐさま今度は鳥取へ出発し、11月にまた戻ってきた。中岡は行ったりきたりの繰り返しで休む暇もなし。

## スパイ・中岡慎太郎は大忙し！

このように過酷な任務を強いられた中岡だが、自藩を抜け出し脱藩罪に問われている彼にとっては、罪が許されるまでの期間は自身を庇護してくれる長州藩に対して何も言えなかったのである。

中岡だけではない。長州に逃げ込んだほかの浪人たちも同様だった。長州が他藩の尊王攘夷派を受け入れた狙いは、彼らの立場や心理をうまく利用し、スパイ活動を行わせることにあったと考えるのが自然なようだ。

天然痘が原因で崩御したのは嘘だった……!?

# 孝明天皇の死の裏には岩倉具視の影があった

## 健康だったはずの孝明天皇

孝明《こうめい》天皇が即位したのは12代将軍・徳川家慶《いえよし》の在位中のことである。即位時、天皇はまだ16歳、政治経験が乏しいままに安政の大獄《たいごく》や桜田門外《さくらだもんがい》の変などが起きた動乱の時期を駆け抜けることとなる。

また、公武合体運動の推進などを行い、天皇として尽力した。天皇の多忙さに周囲は天皇の心労や体調を心配するが、天皇はいたって健康だったという。そんな孝明天皇が急な発熱で倒れたのは1866年のこと。原因は天然痘《てんねんとう》と発表される。

すぐに24時間態勢での治療措置がとられ、その甲斐あってか天皇の症状は順調に回復し始めた……が、病状は急変。そのまま帰らぬ人となってしまった。

## 波紋を呼んだ天皇の急死

あまりに急な出来事だっただけに、孝明天皇は何者かによって暗殺されたのではないかという〝暗殺説〟がささやかれたのも無理はないだろう。「いったい誰が何のために天皇を殺したのか」「天皇が死んで一番得する人物はいったい誰なのか……」

そこでひとりの男の名前が浮かび上がる。のちの王政復古《おうせいふっこ》の大号令で知られる男、岩倉具視だ。

岩倉具視はかつて公武合体論者だったが、彼は世間が倒幕ムードになるとあっさりと尊王攘夷に転向。これが結果的に孝明天皇との関係に決裂を招くこととなってしまったのだ。孝明天皇が在位されている限り出世することは難しい。そう考えた岩倉が天皇暗殺を企てた……というのである。

## 明治天皇へと替わって、岩倉は出世

孝明天皇から明治天皇へ替わると岩倉は一躍出世。これは孝明天皇が在任していればあり得ない展開だっただけに、さらに〝岩倉具視による暗殺説〟を盛り上げることとなってしまったのだ。

そんな天皇暗殺がささやかれる岩倉だが、彼にはもうひとつ疑いがかかっているものがある。〝天皇すり替え説〟だ。これは睦仁《むつひと》親王が明治天皇となられる際、別の者に差し替えられたというもの。それを示すように即位前とあとで天皇はまるで〝違う人〟なのである。

たとえば、睦仁親王は天然痘を患っており顔面には天然痘特有の後遺症があったが、明治天皇の顔には見られない。また、虚弱体質だったという幼少時代に対し、即位後はといえば側近の者を相撲で投げ飛ばすこともあったとか。さらに、「字が下手」「政務に無関心」「乗馬の記録がない」という睦仁親王に対し、明治天皇は真逆の要素を持っているのである。

## 天皇はすり替えられていた⁉

それではいったい誰にすり替えられたのだろうか。

その人の名は南朝の末裔《まつえい》である大室寅之祐《おおむろとらのすけ》。つまり「北朝」系の子孫である睦仁親王に代わり「南朝」の大室が即位したということだ。

これにより北朝系に仕えていた徳川家や松平家は、天皇にとって「逆賊《ぎゃくぞく》」になってしまった。これが新政府にとって江戸幕府勢力を一掃する「口実」となり戊辰戦争が起きたのである。

岩倉は天皇をすり替えることによって旧体制を完全に破壊することに成功した……ということである。

当時、人々は噂を耳にしては真相を確かめようとしてきた。しかし、明治に入ると皇室のプライベートやスキャンダルを公言することはタブー化されてしまう。岩倉は周囲の追及を〝うまく〟免れたのである。

## 人々に夢を見させる埋蔵金伝説

# 幕府御用金は赤城山にある!?

### 勘定奉行・小栗忠順が隠した御用金

1868年、江戸城が無血開城となった際、新政府軍はまず金蔵へ向かった。目指すは幕府御用金。財政難に喘《あえ》いでいた新政府は、幕府の保有財産を資金源にしようと考えていたのである。

ところが、城内の金蔵は空だった。そこで新政府は、幕府が隠匿《いんとく》したと判断し、御用金探しがスタートする。まず疑われたのが、大政奉還時に勘定奉行を務めていた小栗忠順《おぐりただまさ》。彼はすでに斬首に処せられていたのだが、「以前、権田村《ごんだむら》に引き揚げる小栗が御用金を持ち出し、赤城山麓《あかぎさんろく》に密かに埋めた」という流言が飛んだからさあ大変。以来、赤城山の各地で発掘が行われた。

## 埋蔵を提案したのは井伊直弼？

幕府御用金の埋蔵に関与したとされるメンバーのひとりで幕府の勘定吟味役だった中島蔵人《なかしまくろうど》が、臨終の際に甥《おい》の水野智義《みずのともよし》を呼び、次のようなことを言い残した。「御用金埋蔵を提案したのは当時の大老・井伊直弼《いいなおすけ》であり、実行犯は自分のほか小栗忠順や林鶴梁《はやしかくりょう》など数名であった。赤城山麓に埋められた金額は約３６０万両、手がかりは古井戸の中」と。

さらに埋蔵の位置を記した巻物『大義兵法秘図書《たいぎへいほうのひずしょ》』や埋蔵の際に使った道具を記した文書『万四目上覚之帳《よろずしめあげおぼえのちょう》』など、埋蔵金の存在を指し示す史料が大量に出てきたのである。

現代の金額に換算すると、５千億円以上にもなる幕府御用金。赤城山周辺では、大政奉還から１４０年以上経った今なお、発掘作業が行われている。

たったひとりの最終決戦

# 土方歳三は幕府軍の仲間に暗殺された!?

**死に場所も遺体の行方も不明……**

「たとひ身は 蝦夷《えぞ》の島根に 朽ちるとも 魂《たましい》は東の 君やまもらん」

新撰組《しんせんぐみ》局長・土方歳三《ひじかたとしぞう》が死を覚悟して詠んだというこの歌は、現実となってしまった。大政奉還後も新政府軍に対して徹底抗戦を続けた彼は、北海道・箱館の地で乱戦中、銃弾に倒れてこの世を去ったのである。

だが、実際、彼が倒れたとされる場所は確認されておらず、亡骸《なきがら》も行方不明になったまま。「土方は本当に敵の銃弾に倒れたのか?」という疑問とともに浮上してきたのが、なんと味方による暗殺説である。

**徹底抗戦を掲げる土方は邪魔者に……**

旧幕府軍の兵士たちはすでに戦意を喪失していた。というのも、戊辰戦争《ぼしんせんそう》で新政府軍の勢力が一気に拡大し、味方の軍艦が次々と座礁してしまったからである。その中でも土方だけは降伏することに頑強に反対し、徹底抗戦を掲げていたのだ。だが、もはや旧幕府の敗北は目に見えていた。これ以上戦いを続けても犬死にするだけ。「降伏に反対する土方さえいなければ、無駄な戦争を終えることができる」と誰もが考えただろう。

〝乱戦にまぎれて土方を暗殺する〟という計画が、仲間内で持ち上がってもおかしくない状況だったというわけである。土方が旧幕府の勝利と仲間を信じつつ策略を練っていた裏では、「土方暗殺計画」が着々と進行していたのかもしれない……。

# あなたの知らない日本史の大常識

# 第六章

# 近現代

### 実現しかけていた徳川の内閣

# あと一歩で幻となった「徳川内閣」誕生秘話

## 陰ながら手腕を発揮した徳川家達

２６４年にわたり江戸の世を支えた徳川将軍家。明治維新後、15代当主徳川慶《よし》喜《のぶ》は謹慎を命ぜられ、徳川家は国政の舞台から姿を消すこととなるが、かつて総理大臣になりかけた徳川家の当主がいた。

その人物の名は徳川家達《いえさと》。慶喜のあと徳川宗家の家督を継いだ16代当主である。

家達は家督を相続して早々に駿府《すんぷ》藩主となるが、廃藩置県によって、あっさり藩主の座から解任。千駄ヶ谷《せんだがや》で少年期を過ごすこととなる。１８８４年、成人した家達は華族令《かぞくれい》交付と同時に最高位の公爵《こうしゃく》に任命。

1890年には貴族院議員《きぞくいいん》となり政界に進出し、1903年から30年もの間、貴族院議長を務めている。

## 内定するも一族から大ヒンシュク！

家達に総理大臣就任のチャンスが訪れたのは1914年、シーメンス事件により山本権兵衛《やまもとごんべえ》内閣が総辞職したときのことだった。

次期総理大臣にと組閣《そかく》の大命を受けた家達は、その旨《むね》を一族会議にかける。だが、一族たちにことごとく反対された彼はそれを固辞。結局は大隈重信《おおくましげのぶ》が代わって就任し、「徳川内閣」成立には至らなかった。

明治維新で国政の舞台から追い出された身でありながら、ほどなく総理に指名されるということはそれだけ政治的手腕に優れていたということにほかならない。もし、家達が総理に就任していたら、大正の歴史は大きく変わっていたことだろう。

明治維新の行政大革命！

# 版籍奉還と廃藩置県を諸大名は大歓迎した!?

## いいことずくめの行政改革

１８６９年６月の版籍奉還《はんせきほうかん》と、１８７１年７月の廃藩置県《はいはんちけん》。これは諸大名が土地と領民を天皇に返還する上、藩を廃止するという政策だ。諸大名から反感を買ったと思われがちだが、その形跡はほとんど見られない。

これらの制度を諸大名が嫌がらなかった理由はふたつある。

まずひとつ目は、経済的困難からの救済。藩主だった者たちはそのまま知藩事《ちはんじ》に任命され、彼らの生活は質素な生活から一転、裕福なものに様変わりしたという。禄制の廃止により還禄した者には、〝金禄公債《きんろくこうさい》〟が交付され、その影響で大名時代よりも贅沢《ぜいたく》な生活を味わえたのである。

さらに、旧藩時代に抱えた負債は新政府が代わりに請け負うこととなった上、もともと所有していた屋敷地はそのまま私有が許可され、彼らは巨大な資産家となった。これは、経済的困窮のせいで藩解体の危機にまで瀕《ひん》していた藩主にとっては、思ってもみない救いの手だった。

## 精神的圧迫からの救済

そして、諸大名が歓迎したもうひとつの理由。それは精神面にあった。

幕末期には百姓一揆《ひゃくしょういっき》などに頭を悩ませた上、家臣からの突き上げによる圧迫により、藩主たちは精神的に参っていた。版籍奉還と廃藩置県は、そういった悩みを一掃させることにも役立った。裕福な生活が送れるようになった上に、悩みも解消してくれる版籍奉還と廃藩置県。諸大名らにとっても、むしろ大歓迎の改革だったのである。

時代の一歩先を行く元祖・経営コンサルタント

# 日本の経済基盤は福沢諭吉が確立した!?

## 日本人の金銭観を一新

「何となく偉い人」「1万円札の人」という印象の強い福沢諭吉《ふくざわゆきち》。日本人でその顔を知らない人のいない彼は、慶應義塾大学の創設者として特に有名だ。だがその真の姿は、現代日本の経済基盤を作り上げた〝経営コンサルタント〟だったのだ。

諭吉は初めての海外訪問で、当時の日本ではまだ考えられない近代的な町並みや優れた通信手段、また新聞などの情報インフラを目にし、近代文明の発達や理念に目覚めた。

当時の日本は江戸時代に見られた〝金銭蔑視観〟的風潮が色濃く残っており、金銭の話をするのは恥ずべきものだと考えられていた。商人さえも〝自分は卑しい人間だ〟と思うほどである。

諭吉はこうした日本人の価値観を批判。もっと富を追求するべきであり、でなければ欧米と対等に渡り合えないと訴えた。

## 諭吉は元祖経営コンサルタント

ここからが諭吉の本領発揮。彼はまず自らが手本となり、日本で初の株式会社や生命保険会社の創立の指導を務め、出版業経営にも乗り出した。

さらには男女平等を訴え、女性が経済的に独立できるように、と婦人向けの職場を率先して取り入れている。彼はいつも一歩先の時代を見て生きていたことがわかる。その先見の明には現代の経営コンサルタントも真っ青だ。

政界・官界関係者でもないのに経済成長に貢献した諭吉。現代の日本人が彼の活躍を忘れないために、諭吉の顔は1万円札に描かれているのかもしれない。

基本姿勢は〝罪を憎んで人を憎まず〟

# 福沢諭吉は征韓論者ではない!?

## 誤解されてしまった福沢諭吉

「天は人の上に人を造らず、人の下に人を造らず」でご存知、福沢諭吉。強硬な愛国者である彼は、征韓論を唱えたとして中韓から非難されている。

では、彼の征韓論はどのように展開されているのだろう。

その内容をかいつまんで解説すると「欧米列強に対抗するためにも国家の近代化を促さなければいけないが、清国・朝鮮はどうしてもそれを受け入れようとしない。もはや、日本は前近代的な国家観を誇示するアジア圏を脱して、独自路線で近代化を推し進めなければ亡国は必至である」というもの。

つまり彼が非難したのはあくまで清国・朝鮮の旧態依然とした政治体制で、清国・朝鮮の民族に対する軽蔑など微塵《みじん》もないのだ。

## アジア諸国の発展に尽力した人生

諭吉はもともとアジア諸国、特に朝鮮の近代化に尽力していた。朝鮮の改革勢力である独立党・金玉均《キムオクキュン》に協力して、朝鮮で初めての新聞『漢城旬報』の創刊に私財を投じたこともあるほどだ。

だが、1884年12月、独立党によるクーデター・甲申《こうしん》事変が失敗に終わり、福沢の努力はすべて泡となってしまう。『脱亜論』はこうした事情を背景に唱えられた提言だったのだ。そして「欧米列強の脅威が増す中、まずは自国の発展に目を向けなければいけない」という彼の主張が、どういうわけか「アジア諸国を軽蔑している」と誤解されてしまったのである……。

## なぜ名言になったのか？

# 「少年よ、大志を抱け」はクラーク発言でない!?

### 教え子たちの印象は薄かった？

「Boys be ambitious」。〝少年よ、大志を抱け〟と訳されるこの言葉は、札幌農学校の初代教頭を務めたウィリアム・スミス・クラークが学校を去るときに残した言葉とされている。

しかし、あまりにも有名な名言だが、本当にクラークが言ったのかどうかについては、はっきりしない点が多い。

証拠となるのは別れの場面に立ち会った人々の言葉だが、教え子の内村鑑三《うちむらかんぞう》や新渡戸稲造《にとべいなぞう》などがクラークのことを書いた文章の中には、この名言に関する記述は一切ナシ。ただひとり、名言に関して言及しているのは教育者の大島正健《おおしままさたけ》。彼は講演の中でクラークの言葉として紹介しており、その講演の記録が同窓会誌に掲載されて世に広まっていったのである。

## 名言には続きがあった!?

だが、この大島の言葉も一概には信用できない。まず、彼がクラークとの別れを惜しんだ漢詩に「青年奮起立功名」という文章があり、これが元となって生まれたのではないかという疑惑もある。また、講演の記録によれば名言の後に「Like this oldman（この老人のように）」という言葉が続いたとされている。

そうなるとだいぶニュアンスは変わってくる。実際に言ったのだとしても、クラークとしては別れの言葉として気軽に言ったものだったのだろう。それが名言といわれるまでになったのは、当時の軍事的指導と拡大解釈が重なった結果なのだ。

## 襲撃に遭い、ケガを負った板垣のセリフ

# 板垣退助のあの名言は捏造されたもの!?

### 演説後に短刀で襲われた板垣

自由党の党首に就任し、自由民権運動の主導者として活躍するなど庶民からも支持されていた板垣退助《いたがきたいすけ》。彼は1882年4月、東海地方遊説で訪れた岐阜県において暴漢に襲われる。

犯人は自由党を敵視していた相原尚褧《あいはらなおぶみ》。彼は、板垣が演説から帰るところを刃渡り27センチにもなる短刀を振りかざして襲撃した。だが、板垣は柔術を会得していたため肘で当身《あてみ》を行って抵抗。ふたりがもみ合いになったところに板垣の秘

書・内藤魯一《ないとうろいち》が駆けつけ、板垣は一命を取り留めた。

その際、板垣は「板垣死すとも自由は死せず」と叫んだといわれている。この言葉はのちにジャーナリストが演説の題名に使ったことで世間に広まったもので、〝名言〟として現代に語り継がれてきた。

## ケガの痛みにさすがの板垣も……

しかし、実はこのとき板垣は「いたいがーやきぃ、早よう医者を」と叫んだとする説がある。これは彼の出身地である高知の方言で〝痛い！早く医者を呼んでくれ〟というもの。板垣は7カ所ものケガを負っていたため、そう叫んでしまうのも無理はないだろう。

もしかすると〝名言〟としてこれまで伝えられてきた言葉は、高い支持を受けていた板垣の評価を崩さないために誰かが勝手に作り上げたもので、本当に発せられた言葉は板垣のもっとも人間らしい部分を反映したものだったのかもしれない。

日本の黒歴史、韓国併合の裏側にあったもの

# 韓国保護に大賛成だったアメリカとヨーロッパ

## 韓国併合を最良の策と言ったルーズベルト

日韓の間に大きな溝を作った歴史的出来事に、日本による1910年の韓国併合がある。これは韓国の独立を奪った日本の黒歴史といっていいだろう。そのように、歴史の教科書にも書かれている。

しかし、当時の欧米が日本の韓国保護化に理解を示していたことはあまり知られていないし、教科書や多くの歴史書でも触れることがない。日露戦争中の1905年8月には、第二回日英同盟が結ばれ、英国は日本の韓国保護化を承認して

いる。さらに、アメリカのルーズベルト大統領は、日露戦争後のポーツマス会議を終えた小村寿太郎《こむらじゅたろう》全権に「将来の禍根を絶滅させるには韓国の保護化あるのみ、それが韓国の安寧と東洋平和のための最良の策である」と伝えている。

## 桎梏だった韓国の事大主義と非近代化

米英とも、韓国の事大主義（政治の方向性が強い方になびくこと）と近代化の遅れに非常に憂慮していた。特に、韓国はロシアに対して、すぐになびいてしまう。地続きという地政的な桎梏《しっこく》もあった。

そして、韓国では鉄道の敷設さえ住民の反対があって、なかなか進まない。さらに、当時の韓国の通貨は世界最悪と言われ、良い通貨、良い偽造通貨、悪い偽造通貨、粗悪すぎて暗い場所でしか使えない偽造通貨の4種類があると言われていた。これでは貿易も交易もできない。

そのような韓国を日本にどうにかしてほしいと米英は思っていた。もちろん、日本にとってもロシアの南下を防ぐには、朝鮮半島を日本の保護下にするのが一番いい。

まず、1904年、日本は韓国との日韓議定書で、韓国における軍事力の展開と施政への関与を可能にし、さらに、第一次日韓協約を結んで外交と財政に日本の顧問を送った。そして、通貨の改革をしている。

日本政府は韓国政府財政顧問に日本の大蔵省主税局長を務めた目賀田種太郎《めがたたねたろう》を据え、通貨の改革に当たらせている。彼は貨幣の乱造を防ぐため、朝鮮の竜山と仁川の造幣局を閉鎖し、日本の第一銀行の京城支店に朝鮮での銀行券の発行を一任し、通貨の健全化を図った。

そして、1905年、第二次日韓協約で日本は韓国の外交権を手に入れ、1907年の第三次日韓協約で内政全般を掌握し政治、司法、産業、教育、衛生の近代化を進める。しかし、これは韓国人の反発を招いたが、一部には日本の近代化に感謝する声もあった。

特に韓国の民衆にとって、当時の李氏朝鮮政府の圧政で非常に苦しい生活を強いられていたため、逆に日本政府の改革と李氏朝鮮政府への統制に期待する声もあった。

だが、日本人商人や一部の日本軍の横柄な態度が、そのような民衆でさえ、逆に反感を抱かせたのだ。

## 武力で独立を奪ってもうまくいかない

特に、第二次日韓協約を拒む皇帝高宗《コジョン》に対して、伊藤博文《いとうひろぶみ》は軍隊を背景に高圧的に締結を求めたことは良くなかった。これが、韓国人の反日感情を高め、安重根《アンジュングン》による伊藤博文の暗殺を招き、後々の禍根を残すことになった。

1909年、ハルピン駅において、伊藤博文は安重根に暗殺される。これによって、日本国内で韓国併合論が高まり、翌年、日本は韓国を併合してしまうのだ。ここにおいて李氏朝鮮は500有余年の歴史を終えることになる。そして、より一層、韓国の人々の反発を招くことになった。それは、現在まで続く、韓国人による日本人への反感につながっている。結局、相手が事大主義とはいえ、武力を背景に独立を奪ってもうまくいかない証左であろう。

総理大臣が初めて殺された！

# 日中戦争に向かう、時代のターニングポイントだった原敬暗殺事件

## 東京駅で殺された19代総理大臣・原敬

第19代総理大臣、原敬《はらたかし》は1921年11月4日午後7時30分ごろ、政友会近畿大会に出席するため東京駅で改札口に向かっていた。原首相の前には高橋駅長、後ろには小川国勢院総裁、中橋文部大臣などが続いた。

小荷物取扱場を過ぎたあたりに差し掛かった時、大円柱の陰に隠れていた一人の青年が飛び出してきた。原がその青年の方を向いた瞬間、刃渡り15センチの短刀が原の胸に突き刺さった。そして、そのままふたりは倒れ込んだ。

青年はすぐさま取り押さえられたが、原首相は医師が駆けつけたころには、すでに息がなかった。

## 犯人は18歳の転轍手

これが、歴史上初の現役首相の暗殺事件である。犯人は18歳の中岡艮一《なかおかこんいち》。中岡は大塚駅の転轍手《てんてつしゅ》であった。転轍手とは線路のポイントを操作する係員である。

この暗殺事件は、中岡の単独犯として処理された。中岡が暗殺した動機は、原敬が国民をないがしろにして政商や財閥中心の政治を行ったこと。汚職・疑獄事件を起こしていること。尼港《にこう》事件などに見られる軟弱外交に対して憤りを持ったこととなっている。

中岡の裁判は一審が無期懲役、その後も淡々と進み、無期懲役で結審した。そして、実際は、無期懲役どころか、彼は3度（皇太子御成婚、大正天皇の御大喪、昭和天皇の即位）の恩赦によって13年の服役で出所しているのだ。

その後、彼は右翼の頭山満《とうやまみつる》を頼って上京したのち、満州のハルピンの陸軍司令部に所属している。

ここで、疑問が湧く。

なぜ首相の暗殺犯が陸軍の司令部に所属することができたのか。そして、刑も恩赦があったとはいえ13年の服役で済んでいるのはなぜか。さらに、裁判自体も首相暗殺にしては淡々と進みすぎだ。何かバックがあるのではないか。

当時、原敬は右翼からアナーキストまでに命を狙われていた。特に右翼とは対立していた。一番の大きいのは外交政策であった。

原敬は、外交を対米協調に変え、中国強硬論から中国内政不干渉に変更している。これは、中国の膨張政策をとってきた右翼や政商などに多大な影響を与えた。満州に大きな利権を持っていた彼らにとって、中国を手放すなど到底できない。

## 暗殺時代の始まりだった

実際、原敬が亡くなった後、日本は転がるように日中戦争に向かっていく。原敬の暗殺は、この意味でも大きな歴史のターニングポイントだった。

原敬を暗殺した中岡は暗殺の前に駅の友人を仲間に誘っている。その友人に「芝公園十三号地に来い」と言っていた。この芝公園十三号地には右翼関係者の芝四朗《しばしろう》が住んでいるのだ。

さらに、「千円や二千円などなんとでもなる」と豪語している。当時の千円と言えば、いまの一千万円に当たるお金。18歳の転轍手である中岡が簡単に手にできるお金ではない。

バックには明らかに右翼がいたのであろう。当時、中国政策だけでなく、原敬は、皇太子の教育には西洋の見聞も必要だと、積極的に皇太子の洋行をすすめていた。思想的にも右翼と対立していた。

中岡が出所後、右翼の大物、頭山満を頼っている。これを見ると、明らかにバックには右翼やそれと結びつく勢力がいたのだろう。この点を、作家の長文連《ちょうふみつら》氏や猪瀬直樹《いのせなおき》氏は指摘しているが、謎は解明できていない。しかし、この原敬暗殺は、その後の五・一五事件（1932年）、二・二六事件（1936年）に続く、日本の暗殺時代の始まりだったといえるかもしれないのだ。

## 日本人の誰もが憤慨した尼港事件

# 日本軍の不法攻撃ではなく赤軍パルチザンの大虐殺

### 当時の日本人は誰もが知っていた事件

先の項目で解説した原敬首相の暗殺事件であるが、暗殺犯である中岡艮一の殺害動機の一つに尼港事件があった。当時の日本人であれば、多くの人が知っていた事件であるが、現在の日本人はほとんど知らない。日本の歴史の教科書では、かなり捻《ね》じ曲げられて記述されているため、授業で教える教師は多くない。

尼港とはアムール川の河口の街、ニコラエフスクのことである。ここで、赤軍（共産主義者の軍隊）のトリャピーツィンの指揮するパルチザンによって、駐留していた日本人710人が虐殺された事件である。

## ソ連のプロパガンダにはまった記述

この事件に関して、多くの歴史の記述は以下のとおりである。

「1920年（大正9）2月、黒竜江のオホーツク海河口にあるニコラエフスク（尼港）を占領中の日本軍1個大隊と居留民700余名は、約4000のパルチザンに包囲され、休戦協定を受諾した。ところが3月12日、日本側が不法攻撃に出たため、パルチザンの反撃を受けて日本軍は全滅し、将兵、居留民122名が捕虜となった。5月、日本の救援軍が尼港に向かうと、パルチザンは日本人捕虜と反革命派ロシア人を全員殺害し、市街を焼き払って撤退した。

日本はこの事件を『過激派』の残虐性を示すものとして大々的に宣伝し、反ソ世論を高めた。参謀本部はこれを利用して、アムール州からの撤兵を中止し、7月にはハバロフスク駐兵の継続を決め、またこの事件の解決をみるまで北樺太を保障占領するとして、これを実行した」

これは、日本大百科全書『ニッポニカ』の記述だが、多くの歴史教科書の記述もほとんど変わらない。しかし、これはソ連の流したプロパガンダに完全に侵された記述である。

## 住民を救おうとした日本軍

「日本側の不法攻撃」とあるが間違っている。さすがに、最近の教科書は不法とは書かなくなった。日本が攻撃したのは、赤軍側が住民には一切手を出さないという休戦協定を守らず、「金持ちである、赤軍に逆らった」という理由だけで地元の人々を拘束し虐殺していたからだ。そして、その対象が日本人に向けられたから、反撃せざるを得なかった。さらに、反撃に参加したのは軍だけではなく駐留していた多くの民間人もいた。ここを記述しなければ、日本人が悪者になってしまう。さらに、「『過激派』の残虐性を示すものとして大々的に宣伝し、反ソ世論を高めた」と書かれているが、これも違う。赤軍の虐殺は常軌を逸していた。

赤軍は、この尼港事件で、地元の住民1万2000人のうち、6000人を殺している。それも、左右の足を違う牛車に括《くく》り付け走らせ生きたまま股裂きさせたり、命乞いをする女性を犯して殺したり、など、あまりにひどい虐殺だった。そのため、革命ロシア政府は、これが赤軍のやり方だと宣伝されたくないため、この赤軍の指導者だったトリャピーツィンを死刑にして口を塞いでいる。

さらに、「参謀本部はこれを利用して（中略）撤兵を中止」と書かれているが、これも、虐殺があまりにひどく、このままでは多くの地元民や日本人が殺されてしまうから、防衛のために駐屯したのである。実際、日本軍はシベリア出兵も含めて、早々に日本に引き返したかったが、それを日本国民は許さなかった。そのような弱腰だから、赤軍にやられてしまうのだと憤ったのだ。中岡艮一もその一人だった。

にもかかわらず、戦後の日本の歴史教科書は、ひどい虐殺を記述するのではなく、殺された人々の戦いを「不法攻撃」だと書き、防衛のための駐屯を、占領と書いた。これは、ソ連が崩壊したにもかかわらず、いまだにソ連のプロパガンダに洗脳されたままの歴史学者が横行している証左でもある。

### 第一次大戦後から日本を敵視していたアメリカ

# パリ講和会議でもワシントン会議でも、日本を陥れたアメリカ

## 日本の人種平等の主張を潰したウィルソン大統領

第一次世界大戦後の、世界各国間の秩序を決めたのが、ヴェルサイユ条約（1919年）とワシントン海軍軍縮条約（1922年）である。このヴェルサイユ条約でも、ワシントン海軍軍縮条約でも、日本はアメリカと対立している。

ヴェルサイユ条約では、日本は、中国山東省と赤道以北の旧ドイツ領の諸島の権益を主張し、同時に、人種平等を訴えた。

この条約が締結されたパリ講和会議では、当時のアメリカのウィルソン大統領

が世界の平和を推進するために国際連盟の発足を提案した。そして日本はその連盟規約の前文に「各国平等の主義を是認し、これら国民に公正なる待遇を与ふ」の一節を入れることを主張した。日本は、人種平等の一節を入れようとしたのだ。

しかし、この一節は国際連盟委員会17票中11票の賛成を獲得するが、ウィルソンが全会一致を主張して、規約に入れられることはなかった。さらに、ひどいことにアメリカは、上院議会で国際連盟の加入を否決しているのだ。

アメリカのウィルソン大統領は人種平等の規約を否定しながら、その規約自体をアメリカの上院議会で成立させることさえできなかったのだ。

## アメリカの横暴を暴かない教科書

さらに、ワシントン海軍軍縮条約では、アメリカの横暴に日本は翻弄されることになる。この条約で、一番得したのがアメリカで、一番損したのが日本だった。しかし、このことについて日本の歴史教科書は曖昧にしている。２０２２年度から始まった「歴史総合」もそうである。

山川出版社の『歴史総合　近代から現代へ』（23年度版）では、「Qワシントン会議におけるアメリカの思惑とは何だったのだろうか」（114頁欄外）と書きながら、本文では「軍縮の機運を反映して米英日仏伊の間に結ばれた海軍軍縮制限条約では、アメリカ・イギリス・日本の間の主力艦の保有比率が5：5：3と定められ、アメリカがイギリスと肩を並べた。中国の九カ国条約では、中国の主権の尊重を定めるとともに、経済上の門戸開放、機会均等の原則も約束された」と書いてある。これではアメリカの意図がわからない。海軍軍縮制限条約でのアメリカの意図は太平洋の制海権を確保すること、軍事費の高騰を抑えること、戦艦の技術力に勝る日本に戦艦を作らせないことであった。

保有比率をアメリカ優位で固定すれば、それはすべて解決する。アメリカ優位であれば制海権も日本より優位であり、アメリカが戦艦を作らなければ日本も作ることができなくなり、軍事費も抑えられる。

さらに、当時、日本は日清戦争、日露戦争を通じて南満州に特殊権益を持っていた。その権益を日本から奪い取るために、アメリカは中国の門戸解放、機会均等をぶち上げたのだ。南満州の権益を日本が独り占めしないで、各国（アメリカ）に開放し、均等に分けなさいということだ。

## 日英同盟もつぶしたアメリカ

しかしそれらの権益は、日本が日清、日露戦争で勝ち取ったもの。さらに、第一次世界大戦前には、日本の参戦を促すため「石井・ランシング協定（1917年）」で、アメリカも日本の特殊権益を認めていた。にもかかわらず、戦争が終われば協定など無視した条約を、他国を巻き込んで決めてしまう、アメリカの横暴な策略なのだ。ちなみに、このワシントン会議では日英同盟も破棄されている。背景にはアメリカからの強い要望があった。アメリカは日英同盟は対ロシア戦に備えて結ばれた同盟であるとして、ロシアが革命で消滅した以上、必要なしと主張した。

この主張は、アメリカが日英同盟がアメリカを仮想敵国として進化することをおそれたことにあるといわれている。アメリカは、この当時から日本封じ込めを図っていたのだ。

事件の裏には様々な謎がある

# 単なる虐殺ではない いまだに異説が絶えない甘粕事件

## 関東大震災のうらで虐殺事件

1923年9月1日、昼の12時直前、マグネチュード8の大地震が関東を襲った。10万人を超える死者を出した関東大震災である。そして、この大震災の混乱のさなかに、アナーキスト(無政府主義者)の大杉栄《おおすぎさかえ》と、その愛人、伊藤野枝《いとうのえ》、大杉の甥で6歳の橘宗一《たちばなむねかず》が殺された。俗にいう甘粕事件である。

この3人の殺害の首謀者は憲兵大尉であり、のちの満州で名をはせた甘粕正彦《あまかすまさひこ》であった。彼が大杉と伊藤の首を絞め、部下に子どもを殺させた。大杉たちが大震災を利用して社会を混乱させる可能性があるということで、惨殺したという。甘粕は軍法会議にかけられ、懲役10年の刑に処せられ、恩赦によって3年で服役を終えている。

ただし、この事件は当時から、様々な疑惑に包まれていた。真犯人が他にいるのではないか、あるいは甘粕に指示を出したバックがいるのではないかという噂だ。さらに、甘粕自身が出所して満州に渡った後、満州映画協会の幹部らとの私的な席で「僕はやっていない」と発言している。それだけでなく、陸士同期で満州国国務院総務庁参事官の半田敏治《はんだとしはる》に対しても酒の席で「オレは何もやっちゃおらんよ」と語っているのだ。

もちろん、これに対しては、甘粕の上官が、「彼の言葉を信じるな」と忠告はしているが……。

さらに、第二次世界大戦後の1976年に、大杉たちの死因鑑定書が見つかっているが、それは甘粕が法廷で発言した内容と全く違っていたこともある。その鑑定書は、当時、20時間をかけて死体解剖を行った陸軍衛戍《えいじゅ》病院勤務の軍医・田《た》中隆一《なかりゅういち》によって作成されたもので、鷹津《たかつ》軍医名義で提出されたものの控えだった。

その死体見分では大杉と伊藤はかなりの暴行を受けていることがはっきりしたが、甘粕の供述では首を絞めただけとなっているのだ。そして、甘粕の供述も二転、三転している。

## 正力松太郎が語った陸軍主犯説

はたして誰が真犯人なのか。いくつかの説が流れた。ひとつは陸軍幹部か陸軍内秘密結社による殺害である。それを甘粕が肩代わりしたというものだ。

これは、アナーキストによる皇太子（のちの昭和天皇）へのテロ事件（虎ノ門事件－1923年12月）を受けて引責辞任した、当時、警視庁警務部長だった正《しょう》力松太郎《りきまつたろう》が語ったものだ。

彼はその翌年、読売新聞社の社主となるが、その社内の招待会において、関東大地震のあと、陸軍が「大杉と吉野作造《よしのさくぞう》ほか二人を殺す」と語ってきたと言っているのだ。甘粕事件が起きた当時、東京の治安を守る警視庁の警務部長だった正力が言っているのだから、かなり信憑性が高い説であろう。

## 大杉栄は政府の「草」だった!?

そして、驚くべき説が大杉栄スパイ説である。

これは元帥（元陸相）の上野勇作《うえのゆうさく》付の軍人であった吉薗周蔵《よしぞのしゅうぞう》の手記に書かれていたものだ。そこでは、大杉栄も甘粕正彦も元帥上野の「草」＝スパイであって、上野と甘粕のスキャンダルを握った大杉が、上野と甘粕をゆすったため、殺されたと書かれていた。大杉栄はアナーキストでありながら、上野の「草」だったという。あまりに突飛な説であるが、政府のスパイが反体制を叫びながら事件を起こし、それによって反体制派への弾圧を引き出すということはよくある。そのことは、私たちも知っておいた方がいいだろう。

しかし、現在、これらの異説の検証は難しい。特に大杉栄スパイ説の検証は非常に困難だ。さらに、甘粕が本当に主犯だった可能性もある。真実はどこにあるにしろ、さまざまな思惑が交錯した事件なのだろう。

反ファシズム統一戦線が生み出した謀略

# やはり盧溝橋事件の真犯人は中国共産党!?

## 突然発砲された銃弾

日中戦争の大きな転機は盧溝橋《ろこうきょう》事件であった。1937年7月7日22時40分ごろ、北平（現・北京）西方12キロの盧溝橋北側で演習を終えた日本の駐屯歩兵中隊に対して、突如数発の銃弾が河畔堤防より発せられた。これが所謂《いわゆる》、盧溝橋事件である。

この銃弾を撃ち込んだのは、誰なのか、いまだに謎に包まれている。日本の歴史教科書では偶発的に始まったとして、責任の所在を曖昧にしている。

もちろん中国の教科書は日本軍謀略説だ。

## あまりに不自然な「日本軍謀略説」

しかし、当時、日本軍は中国との戦いに対して不拡大方針をとっていた。いくつかの戦闘はあったが、それ以上の拡大は望んでいなかった。

さらに、日本謀略説を裏付ける盧溝橋事件当時の中国側の守備隊長だった金振《きんしん》中《ちゅう》の回想（『中央公論』1987年12月号）には、いくつかの矛盾がある。ひとつは事件発生の前日（7月6日）に、日本軍の戦車部隊が近づいてくる轟音《ごうおん》が聞こえたと金は回想するが、その事実はない。

事件当時、確かに支那駐屯軍戦車隊一個中隊が天津に駐屯していた。しかし、この戦車中隊が攻撃に参加したのは7月28日であり、事件発生当初は盧溝橋に出動していない。もちろん、前日に出動することは不可能だ。

また、金は、事件当日の夜は「漆喰《しっくい》の雨の夜」と回想しているが、実際は星空が見える晴れた日だった。盧溝橋にいた日本の歩兵中隊の清水節郎《しみずせつろう》中隊長の手記には「この夜まったく風がなく空は晴れているが月がなく、星空に遠くかすかに浮かぶ盧溝橋城壁」と書かれているのだ。

　一方、この清水中隊長以下、数名は、堤防と盧溝橋城壁の中国兵の間で、懐中電灯の点滅による信号が交わされているのを目撃している。中国軍が意図的に行ったことは間違いない。

　そして、戦後、中国共産党の将校となった経歴を持つ葛西純一《かさいじゅんいち》は、中国共産党軍の『戦士政治課本』に、盧溝橋事件は「劉少奇《りゅうしょうき》の指揮を受けた一隊が決死的に中国共産党中央の指令に基づいて実行した」と書かれていたことを、その著書『新資料・盧溝橋事件』の中で記している。

　さらに、事件発生後、日中双方を挑発するような銃声が頻発するので、7月22日に日本の憲兵隊と特務機関が調査した。すると、中国共産党北方局主任・劉少奇の指導の下で、北平（北京）・清華大学の学生たちが土鍋を鳴らし爆竹を投げて、日中双方を刺激して、事件を拡大しようとしていたことが判明している。

## 反ファシズム統一戦線に翻弄された日本軍

当時、ソ連のコミンテルン（共産党の総司令部）は中国の共産党に対し、国民党の蔣介石《しょうかいせき》と手を組んで（第二次国共合作）抗日戦争を遂行するよう指示を出していた。盧溝橋事件の前年の1936年には、ソ連のコミンテルンに派遣された中国東北の軍閥である張学良《ちょうがくりょう》は、蔣介石を軟禁し、国共合作を強引に承諾させた西安事件が起きている。

コミンテルンは、それまでの方針を変えて、反ファシズム統一戦線をぶち上げて、各国の共産党に思想的に右でも左でも、反ファシズムで統一できるのであれば、ともにファシズムに戦うよう指示を出していたのだ。それまでのコミンテルンは、社会民主主義者は資本主義の補完物であるとして打倒の対象にしていたのと、180度の方針転換であった。中国共産党も、その指示に則り、様々な謀略を仕掛けていた。盧溝橋事件もそのひとつなのだ。そして、この盧溝橋事件を契機に、日本と中国との戦闘が一気に進むことになった。

はたして、盧溝橋事件で銃弾を発したのは誰か。謎は解き明かされている。

## 天皇のお言葉を忠実に守ろうとした

# 本当は戦争をしたくなかった東條英機

### 日米交渉にまい進した東條《とうじょう》

昭和天皇は「東條ほど朕《ちん》の意見を直ちに実行に移したものはいない」と木下道雄《きのしたみちお》従次長《じゅうじちょう》に漏らされたことがある（木下道雄『側近日記』）。意味するところは戦争を避けるべく日米交渉をして対米関係の改善を図ってほしいという天皇陛下の考えを東條は忠実に実行したということだ。当時、東條は主戦派であるとみられていた。そして、今でも日米開戦の責任はすべて東條にあるようにいわれる。

しかし、実際は真逆である。昭和天皇は東條に対して首相を命じられるときに

「（1941年）9月6日の御前会議《ごぜんかいぎ》決定にとらわれることなく、内外の情勢を更に広く深く検討し、慎重なる考究《こうきゅう》を加ふることを要す」と伝えている。いわゆる「白紙還元の御諚《ごじょう》（お言葉）」である。9月6日の御前会議決定とは「10月上旬までに日米交渉が成立しなければ直ちに開戦をする」ということ。これを白紙に戻すということだ。東條は昭和天皇のお言葉に従って日米交渉にまい進した。そして、中国におけるアメリカの権限を認め、日本軍が、将来的には中国および仏印（フランス領インドシナ）から撤退をするという譲歩案を持って交渉を試みた。

## 開戦決定の夜、号泣した東條

しかし、日本との戦争を望んでいたルーズベルトはこの案を一蹴し、中国および仏印からの即時撤退を強行に求めてきたのだ。ここに至って、日本は開戦を決意せざるを得なくなるが、その開戦を決意した夜、東條は自宅で号泣した。彼の家族が、東條が嗚咽《おえつ》しながら泣く声を聞いている。東條は、天皇陛下のお心に逆らって戦争を始めることに自らが許せなかったのだ。

ゾルゲ事件は氷山の一角でしかなかった⁉

# スパイの背後に近衛文麿が作った昭和研究会の影あり

## 近衛文麿のブレーンだったスパイ尾崎

戦前の最大のスパイ事件はゾルゲ事件であった。

ゾルゲ事件とは、ドイツの新聞『フランクフルター・アルゲマイネ』の日本特派員だったリヒャルト・ゾルゲが作ったソ連のスパイ組織が摘発され、逮捕者が続出した事件のことだ。

このスパイ網は１９４１年10月14日に発覚している。そして、16日には、当時の首相だった近衛文麿《このえふみまろ》が辞職し、第三次近衛内閣は崩壊した。それは、逮捕者の中に昭和塾（昭和研究会の後継組織）メンバーで近衛文麿のブレーンであった元朝日新聞の記者、尾崎秀美《おざきほつみ》がいたからだ。

## 昭和研究会に潜むコミュニストたち

昭和研究会は、当時の大政翼賛会の運動に参加し、発展的に解消するということで1940年に解散していた。しかし、その昭和研究会の元メンバーは「昭和同人会」や「昭和塾」を新たに結成していた。

そもそも昭和研究会は近衛文麿の私的な政策研究会であった。そして、この昭和研究会にはコミュニズムに賛同するものも多くいた。現在では尾崎秀美のようなコミンテルンのスパイも多くいたと考えられている。

近衛と大正時代から親しく、昭和研究会発足のメンバーでもあり、その発足に尽力した後藤隆之助《ごとうりゅうのすけ》は、研究会発足の前に欧米視察をして、スターリンの銅像を見学し、ルーズベルトのニューデール政策に感銘を受けている。

そして、彼は、その当時、無産政党である社会民衆党の亀井貫一郎《かめいかんいちろう》から社会情勢のレクチャーを受けている。ちなみに、この亀井貫一郎はのちに昭和研究会に参加している。

さらに、後藤は、小泉元首相の父親である小泉純也《こいずみじゅんや》から共産軍を作ろうとしているとまで批判されているのだ。

ゾルゲ事件では、驚くべきことに、特高によるゾルゲ逮捕を、陸軍と参謀本部が抗議し、青年将校に至っては、釈放まで要求している。

表向きの理由は、ゾルゲが同盟国ドイツのナチス党員であり、駐日ドイツ大使のオットの厚い信任を受けていたからだという。

## 軍部にもいた!? ソ連のスパイ

しかし、スパイの逮捕に抗議し、釈放まで要求するのは尋常でない。そもそもゾルゲがナチス党員であったのは、共産党員であることを隠すためと潜入スパイであったことは、すぐにわかることであり、ほかにも理由があるのではないかと推測された。

当時は憲兵隊と特高が対立しており、スパイの逮捕を競い合い、先をこされた憲兵隊（陸軍）が嫌がらせをしたとも考えられた。

それだけでなく、陸軍の、特に青年将校の中にも、革新右翼と言われ、ソ連の政策に協調してしまうものや、そもそもソ連シンパがいたのではないかと考える研究者もいる。

当時はすでに共産党は非合法組織になっており、多くの元共産党員は転向していた。しかし、転向と言っても口先で「天皇を認め、私有財産を認める」と言っているだけで、その思想性は社会主義であるものも多くいた。

その連中が昭和研究会に入り込み、陸軍にまで影響力を持っていたと思われるのだ。実際、昭和研究会には元共産党員であった宇都宮徳馬《うつのみやとくま》も参加している。しかし、その真相を一番よく知る近衛文麿は、戦後、GHQの追及を恐れ自害している。そのため、永遠の謎になってしまっている。

もしかすると、ゾルゲ事件は、氷山の一角でしかなかったのかもしれない。数限りなくスパイやそのシンパがいたのかもしれない。

## いまも残る真珠湾に面した春潮楼（現・夏の家）

# 充実していた日本の情報網
# 真珠湾をスパイし続けた日本人がいた

### 老人ホームでひっそり亡くなった男性

1993年、老人ホームでひっそりと亡くなった80歳の男性がいた。名前は吉《よし》川猛夫《かわたけお》。真珠湾のスパイだった。

彼は、33年に海軍兵学校を卒業し、軍艦、潜水艦に搭乗し、さらにパイロットの訓練を受けた。しかし、胃の病気にかかり退役するが諜報部員としての訓練を受ける。その後、軍令部の山口文次郎《やまぐちぶんじろう》大佐に呼びだされ、ホノルル総領事館員としてハワイに赴任するよう指示を受けた。

## 春潮楼（現・夏の家）で諜報活動

1941年3月、吉川猛夫は名前を森村正と変え、ホノルル総領事館に赴任した。彼の任務は真珠湾の情報を得ること。真珠湾攻撃のための諜報活動であった。

森村は、潜水して艦船の動きを調べたり、タンタラスの丘から真珠湾を見下ろして湾内の動きをチェックしたりした。その森村がもっとも足繁く通ったのが真珠湾を一望できる「春潮楼」であった。ここは森村の宿舎近くにある日本茶屋だ。

彼は春潮楼へ客を装って訪れ、2階から望遠鏡で真珠湾の情報を探った。彼の元へは東京の海軍から、「米艦船がもっとも多く停泊している曜日は？」「どんな艦船が、どれほどいるか？」「停泊場所は？」「哨戒機はどれくらい飛行しているか？」「空軍基地の場所は？」等々の情報を求められた。彼は、それに応えた。

森村が最後に送った暗号は「エンタープライズとレキシントンがパールハーバーを出港した」という情報である。12月6日の夜（日本時間では7日）であった。

そして、その6時間後、真珠湾攻撃が決行された。しかし、森村自身は真珠湾攻撃のことはまったく知らされておらず、自宅で普段と変わらず朝食をとっている。そのときに爆撃が始まったのだ。彼は即座にスパイの資料や電報のコピーを燃やした。

その日本軍の真珠湾攻撃は大成功を収めた。その成功の陰に森村（吉川）の情報があったことは間違いない。

戦前、日本の諜報活動は非常に貧困であったと思われている。しかし、そんなことは全くなかった。確かに米軍によって日本の暗号は解読されていたが、日本も米軍の暗号のいくつかを解読している。また、アメリカ本土にも多くのスパイを持ち、情報活動にいそしんでいた。

真珠湾攻撃のあと、森村（吉川）は同じ領事館の仲間とともにアリゾナ州の収容所へ入れられた。しかし、スパイであることは発覚せず、1942年8月15日に日米交換船で他の領事館員とともに日本に帰国している。

吉川が諜報活動をしていた「春潮楼」は、現在「夏の家」と名前を変え同じ場所に立つ。そして1階の寿司バーには吉川が使っていた望遠鏡が飾ってあるという。

あなたの知らない日本史の大常識

闇に葬られた首都計画

# 戦争が長引いていれば首都は長野県だった!?

## 東京を捨てる予定だった

現在、日本は首都機能を東京に集中させているが、実は東京＝首都という明確な規定があったことはない。そのことも起因してか第二次世界大戦末期、首都機能を長野県の松代《まつしろ》に移す計画があった。

1944年7月、太平洋戦争でサイパンが陥落したことで、本土決戦の可能性が浮上。同月の東條《とうじょう》内閣最後の閣議で皇居とその他首都機能を松代へ移転し、〝松代大本営《だいほんえい》〟を建設する工事を進めることが承認された。

その後、国民に極秘で工事は進められ、最盛期には朝鮮人7000人・日本人3000人が作業にあたったが、1945年8月の敗戦を機に中止。そのときすでに全体の約8割が完成していたという。

## 決して無謀な計画ではなかった

現在、松代大本営は観光名所として地下壕《ごう》の一部が公開されている。以前は強制労働問題が騒がれていたが、当時の財政事情からすれば食事などの待遇は悪くなかったことが近年関係者の証言で証明された。地上部には天皇御座所《ござしょ》、皇后御座所、宮内省になる予定だった建物も残されており、軍の力の入れようを窺い知ることができる。

また、人気アニメ『新世紀エヴァンゲリオン』の作中では、長野県松本が第2新東京市という名称になり、首都機能を備えた都市として登場する。第1候補は松代だったという設定もあり、これも松代大本営をモチーフにしたものだとされている。

## なぜか無視をし続ける日本の歴史教科書

# 「戦争の一切の責任は私にある」とマッカーサーに言った昭和天皇

### 通訳だけを伴ってマッカーサーに会った天皇

1945年8月15日、日本は太平洋戦争に敗北した。そして、8月30日、神奈川県厚木飛行場にコーンパイプを咥《くわ》えて降り立った男がいる。それが、連合国軍最高司令官、ダグラス・マッカーサーだ。

彼は、その後、横浜のホテル・ニュー・グランドに数泊した後、皇居のお堀のすぐ横に建つ第一生命館ビルの6階にある執務室で占領業務を行うようになる。そして、住まいとして現在の駐日アメリカ大使館の大使公邸を使っていた。

9月27日、昭和天皇はその駐日アメリカ大使館に通訳の一人だけを伴って現れた。その時、マッカーサーは天皇を拘束しようと米軍二個師団に待機を命じた。

## 天皇の極刑を考えていたマッカーサー

マッカーサーからしてみれば、戦争に敗北した国の元首たる昭和天皇は、戦争責任を取って極刑にされるべきだった。マッカーサーは天皇の始末の付け方として4つを考えていた。

1つは、東京裁判に出して、絞首刑にする。

2つは、共産党を使って、人民裁判を起こし、その名で血祭りにする。

3つは、中国へ亡命させて、謀殺する。

4つは、一服盛って、闇に葬る。

その極刑にすべき天皇がやってくる。マッカーサーが捕まえようと身構えるのも当然であった。その天皇は、常にマッカーサーのいる第一生命館ビルの目の前の皇居で身辺警護のもの以外は一兵も持たず厳然と暮らしている。マッカーサーからすれば、天皇はとんでもない馬鹿か偉大なる聖者かどちらかであった。

しかし、その天皇は、たった一人の通訳と共に丸腰《まるごし》でやってきた。本当に馬鹿か偉大なる聖者なのか。

昭和天皇は1970年代後半に、記者の質問に答えている。

「マッカーサーとのご面談の内容は？」

天皇の回答はこうであった。

「男と男の約束ですから」

## 天皇は「一切の戦争責任は私にある」と話された

ただし、どこからか、その内容は漏れ伝わった。マッカーサーと会見した時に天皇はこう述べたという。

「日本国天皇は、この私であります。戦争に関する一切の責任はこの私にあります。すべてが私の命において行われた限り、日本はただ一人も戦犯はおりません。しかしながら長年にわたる戦いで、罪なき八千万人の国民には住む家もなく、着る服もなく、食べるものもなく、実に深憂《しんゆう》に堪えぬものがあります。どうか閣下の温かき、ご配慮を賜りまして、この罪なき国民の衣食住に、ご高配を賜りますようお願いいたします」

そして、深々と頭を下げた。そこにいた通訳は、その言葉をそのままマッカーサーに伝えていいものか、戸惑ったという。その言葉は、「私は極刑にされてもかまわないから、国民を救ってほしい」という意味だからだ。

そのとき、マッカーサーは悠然とパイプを咥え、椅子に座っていた。しかし、その言葉を聞くと、マッカーサーはすくっと立ち上がって部下の兵士に命じた。「すぐに武装を解け。天皇に覚悟が出来ているから、逃げも隠れもしない」と、用意していた二個師団に武装解除を命じている。マッカーサーのその後の自叙伝では、以下のようにも記されている。

「天皇陛下は、『私に絞首刑はもちろんのこと、いかなる極刑に処せられても構わない』とおっしゃった」と。

漏れ伝わった内容と少し違うが、マッカーサーは天皇の言葉を、まさしくストレートに感じていた。そして、天皇に椅子に座るよう促すと、こう答えた。

「日本の天皇とは、このようなものでありましたか。私も日本人にうまれたかったです。陛下、ご不自由でございましょう。私に出来ますことがあれば、何なりとお申しつけ下さい」

これに対して、天皇は再び椅子から立ち上がり、

「閣下は日本人でないから、私の気持ちがわかっていただけない。命を捨てて、閣下のお袖にすがっておりまする私に、一体何の望みがありましょうか。どうか国民たちの衣食住に、重ねてご高配を賜りますようにお願いいたします」

と話された。天皇が東京裁判で極刑にならなかったのは、日本政府が天皇の命を救うためにGHQ（連合国軍最高司令官総司令部）と何らかの裏取引をしたためである、というのが定説になっている。しかし実際は全く違う。天皇陛下の命をかけて国民を救いたいという真摯な態度に、マッカーサーが感じ入ったからだ。そこにマッカーサーは偉大なる聖者を見たからだ。それが天皇の命を救い、日本国民の命も救ったのだ。

あなたの知らない
日本史の大常識

### 逮捕された人たちは冤罪だった？

# 「松川事件」の裏に国家的陰謀の影

## 故意に引き起こされた凶悪事件

「国鉄三大ミステリー事件」のひとつにも数えられる「松川事件」が発生したのは1949年8月。青森発、上野行きの列車が脱線・転覆した鉄道事故だ。

捜査の結果、線路の継ぎ目部分のボルトやナットが緩められ、レールを固定する犬クギが抜かれていたことから何者かが路線内に侵入して引き起こした人為的な事件であることが判明。

しかし、この事件の裏には、国家レベルのとんでもない策略が隠されていた。

事件の犯人として逮捕されたのは東芝松川労組幹部、国労福島支部幹部関係者ら20人。彼らは裁判でも有罪判決を受けたのだが……。

## 十数年犯罪者とされた20人

９年後、逮捕者にあったアリバイは検察官によって隠蔽され、現場から押収したとされる物証は、警察によってでっち上げられたものということが明らかになった。そして61年の差し戻し審で、被告者全員に無罪が言い渡された。

無罪は認められたが、なぜ犯人扱いされたかはいまだ隠蔽されている。その理由は当時の日本の情勢に関係していた。「ドッジライン」の影響で労働争議が勃発していた事件当時、現場となった地域でも大量解雇をめぐって闘争が繰り広げられていたのだ。これに頭を悩ませた政府は運動を抑えようと、この〝事件〟を思いついた……というのだ。

今となっては真相を知る由もないが、警察を意のままに操れる機関など、国家以外には存在しないのではないか。

昭和最大のミステリーの謎に迫る

# 3億円事件発生は学生運動対策だった

## 一瞬にして消え去った3億円

１９６８年12月10日。３億円もの大金を載せた現金輸送車が、警察官らしき男から停車を求められた。男は、車の下に爆弾が仕掛けられていると警告し、全員を降車させた。そして車を安全な場所へ移動させるように見せかけ、金を載せたまま消え去った……。

これこそ昭和最大のミステリー「３億円事件」である。しかしこの事件、公安警察のある狙いから引き起こされたという噂がささやかれている。

１９６０年代、日本では安保闘争や安田講堂事件をはじめとする学生運動が勃発。学生の過激な行動を前に機動隊が出動しては衝突を繰り返しており、警察は頭を悩ませていたのである。

そんな中、さらなる不安が警察を襲う。70年安保闘争である。彼らはその闘争を避けるため、学生紛争のアジトや活動の中心的人物を突き止める必要があったのだ。そこで引き起こされたのが3億円事件だった……というのである。

## 犯人捜査の目的は学生の実態調査!?

警察は3億円事件の〝犯人捜査〟との名目で、学生が多く住んでいるＪＲ中央線沿いのアパートなどを中心に捜査を進めた。実際、調査を受けた若者は総勢11万人！　この影響もあってか、１９７０年頃に学生運動は下火になる。それと同時に3億円事件の捜査が大幅に縮小されているのは、ただの偶然と言えるだろうか。いまだに事件が解決されず犯人が見つからないのは、謎を解く鍵を警察が握っているから……かもしれない。

# 参考文献

『教科書が教えない歴史』藤岡信勝、自由主義史観研究会（産経新聞ニュースサービス）、『逆説の日本史3　古代言霊編』井沢元彦（小学館）、『逆説の日本史12　近世暁光編』井沢元彦（小学館）、『本当はもっと面白い戦国時代』神辺四郎（祥伝社）、『松平定知が選ぶ「その時歴史が動いた」名場面30』NHK取材班編（三笠書房）、『戦国武将名言録』楠戸義昭（PHP研究所）、『戦国武将の名言に学ぶ』武田鏡村（創元社）、『日本史年表・地図』児玉幸多編（吉川弘文館）、『その時歴史が歪んだ　信長異聞録』（ぶんか社）、『別冊歴史読本　戦国時代人物総覧』（新人物往来社）、『改訂新版　戦国群雄伝』（世界文化社）、『改訂新版　日本史の謎』（世界文化社）、『肖像画をめぐる謎　顔が語る日本史』（世界文化社）、『織田軍団　覇業を支えた常勝集団のすべて』（世界文化社）、『邪馬台国と卑弥呼の謎』中江克己（学研）、『スキャンダル！日本史』武光誠（河出書房新社）、『真説　日本誕生　黄金の女王・卑弥呼』加治木義博（KKロングセラーズ）、『実録戦後　女性犯罪史』（コアマガジン）、『歴史を彩った悪女、才女、賢女』安西篤子（講談社）、『日本史人物「女たちの物語」上・下』加来耕三、馬場千枝（講談社）、『日本人の恋物語』時野佐一郎（光人社）、『驚愕！歴史ミステリー　仰天ヒストリー108の謎を探る！』、オフィスJB、山口敏太郎ほか（コスミック出版）、『悪女と呼ばれた女たち』小池真理子（集英社）、『日本をつくった女たち』仙堂弘（水曜社）、『戦国武将への大質問』歴史の謎研究会（青春出版社）、『歴史を動かした女たち』高橋千劔破（中央公論社）、『日本夫婦げんか考』永井路子（中央公論社）、『男をむさぼる悪女の日本史』片岡鬼堂（日本文芸社）、『悪女・賢女の日本史』中江克己（日本文芸社）、『日本史・激情に燃えた炎の女たち』村松駿吉（日本文芸社）、『歴史をさわがせた女たち日本篇』永井路子（文藝春秋）、『戦国の意外なウラ事情』川口素生（PHP研究所）、『世界の「美女と悪女」がよくわかる本』世界博学倶楽部（ＰＨＰ研究所）、『戦国時代の「裏」を読む』中村彰彦（ＰＨＰ研究所）、『戦国武将怖い話、意外な話』楠戸義昭（三笠書房）、『悪女たちの昭和史』松村喜彦（ライブ出版）、『日本の歴史１０１の謎』小和田哲男（三笠書房）、『学校では教えない日本史』歴史のふしぎを探る会（扶桑社）、『歴史の意外な「ウラ事情」あの事件・あの人物の〝驚きの事実〟』日本博学倶楽部（ＰＨＰ研究所）、『【図解】古代史の「謎」と「真実」ここまで解き明かされた日本誕生の舞台裏』武光誠（ＰＨＰ研究所）、『戦国武将・闇に消されたミステリー いまだ解けない80の謎』三浦竜（ＰＨＰ研究所）、『戦国10大合戦の謎（愛蔵版）』小和田哲男（ＰＨＰ研究所）、『戦国武将「できる男」の意外な結末』日本博学倶楽部（ＰＨＰ研究所）、『歴史の闇ファイル 陰謀と暗号の世界史』（笠倉出版社）、『歴史の闇ファイル２ 陰謀と暗号の世界史』（笠倉出版社）、『大奥のおきて「女人版図」しきたりの謎』由良弥生（阪急コミュニケーションズ）、『日本史の謎　闇に隠された歴史の真実を暴く』（世界文化社）、『暴かれた古代日本　新事実を旅する』（世界文化社）、『教科書が教えない歴史人物の常識疑問』（新人物往来社）、『学校では教えてくれない日本史人物の謎』（学研）、『歴史を変えた武将の決断』（祥伝社）、『タブーの日本史』（宝島社）、『実録！仰天世界事件史２』（大洋図書）、『実録！仰天世界事件史３』（大洋図書）、『名言で読む幕末維新の歴史』外川淳（講談社）、『こんなに変わった！［日本史］偉人たちの評判』河合敦（講談社）、『図説　気になる「内幕」がまるごとわかる！戦国地図帳』歴史の謎研究会編（青春出版社）、『平清盛　栄華と退廃の平安を往く』（晋遊舎）、『恋する日本史　やまとなでしこ物語』山名美和子（新人物往来社）、『徳川15将軍の事件簿』（扶桑社）、『壮絶！最強武将名言録』（オークラ出版）、『陰謀と暗号の歴史ミステリ』（笠倉出版社）、『陰謀と暗号の歴史ミステリー２』（笠倉出版社）、『坂本龍馬伝 幕末を駆け抜けた英傑の生涯』（新人物往来社）、『坂本龍馬 １０１

の謎』菊地明、伊東成郎、山村章也（新人物往来社）、『爆笑問題が読む 龍馬からの手紙』爆笑問題（情報センター出版局）、『「龍馬」と幕末維新がよくわかる本』本郷陽二、幕末維新検定倶楽部（ワンツーマガジン社）、『竜馬がゆく』司馬遼太郎（文春文庫）、『龍馬語録 自由闊達に生きる』木村幸比古（PHP研究所）、『幕末ミステリー 坂本龍馬74の謎』楠木誠一郎（成美堂出版）、『驚愕！歴史ミステリー坂本龍馬と幕末暗黒史』ジェイビー、青木健ほか（コスミック出版）、『龍馬の手紙』宮地佐一郎（講談社）、『坂本龍馬伝（日本伝記叢書）』千頭清臣（新人物往来社）、『別冊歴史読本 土佐の風雲児坂本龍馬』（新人物往来社）、『龍馬暗殺の謎を解く』（新人物往来社）、『坂本龍馬 いろは丸事件の謎を解く』森本繁（新人物往来社）、『あやつられた龍馬 明治維新と英国諜報部、そしてフリーメーソン』加治将一（祥伝社）、『明治維新人名辞典』日本歴史学会編（吉川弘文館）、『龍馬100問』「幕末動乱」研究会（双葉社）、『西行と清盛─時代を拓いた二人』五味文彦（新潮社）、『別冊歴史読本 平清盛ガイドブック』（新人物往来社）、『平清盛』歴史群像編集部編（学研）、『NHK 大河ドラマ「平清盛」完全読本』（産経新聞出版）、『ビッグプロジェクト その成功と失敗の研究』飯吉厚夫、村岡克紀（新潮社）、『光明皇后』林陸朗（吉川弘文館）、『徳川家歴史大事典』（新人物往来社）、『徳川家光』藤井讓治著、日本歴史学会編（吉川弘文館）、『徳川綱吉』塚本学（吉川弘文館）、『日露戦争スタディーズ』小森陽一、成田龍一（紀伊國屋書店）、『大東亜戦争への道』中村粲（展転社）、『第三の文化の時代へ』三上照夫（ぱるす出版）、『やはり義経はチンギス・ハーンだった』田中英道（文芸社）、『義経北紀行伝説 第一巻平泉篇』山崎純醒（批評社）、『知れば知るほど面白いアイヌ文化と歴史』瀬川拓郎監修（宝島SUGOI文庫）、『「日本史」の最新裏常識 目からウロコの100』日本史研究会（宝島SUGOI文庫）、『別冊宝島2337 素晴らしい日本文化の起源 岡村道雄が案内する縄文の世界』（宝島社）

著者プロフィール

日本博識研究会（にほんはくしきけんきゅうかい）

豊富なデータベースをもとに、フィールドワークで得た調査結果と照らし合わせながら、現代知識の体系化を行う団体。文学から社会学、経済学、医学、生物学、物理学まで幅広い分野のわかりやすい解説に定評がある。



スタッフ

カバーデザイン／妹尾善史（landfish）

カバーイラスト／伊野孝行

本文デザイン＆ＤＴＰ／株式会社ユニオンワークス

編集／小林大作、株式会社Ｇ．Ｂ．

※本書は2016年2月に小社より刊行した単行本
『日本史大ウソ大事典』を改訂・改題し、文庫化したものです。

宝島SUGOI文庫

あなたの知らない日本史の大常識
（あなたのしらないにほんしのだいじょうしき）

2024年4月17日　第1刷発行

著　者　日本博識研究会
発行人　関川 誠
発行所　株式会社 宝島社
〒102-8388　東京都千代田区一番町25番地
電話：営業 03(3234)4621／編集 03(3239)0927
https://tkj.jp
印刷・製本　株式会社広済堂ネクスト


First published 2016 by Takarajimasha, Inc.
ISBN 978-4-299-05389-3

# 宝島SUGOI文庫　好評既刊

宝島SUGOI文庫

## 知れば知るほど面白い
## アイヌの文化と歴史

監修 瀬川《せがわ》拓郎《たくろう》

私たちはアイヌを狩猟採集民だと考えがちだが、アイヌのなかには畑を耕し牧場で馬を飼う者や、鉄製品を製作する鍛冶屋などもいた。さらにアイヌは狩猟採集したものを交易に使い、サハリンと本州を結ぶ役目もしていた。本書では、アイヌの人々の本当の姿を文化と歴史から解説する。

定価　990円（税込）